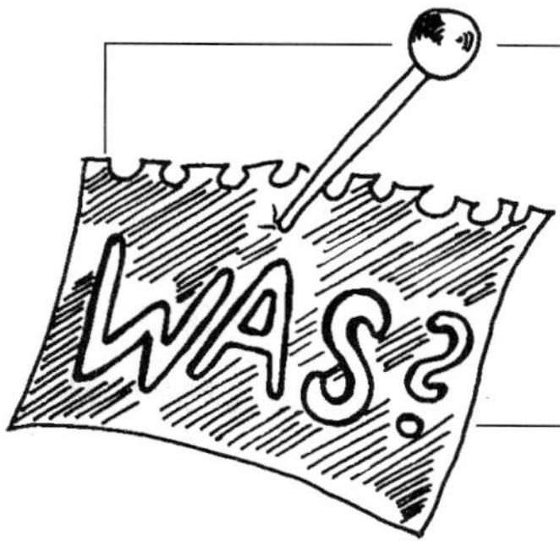

Du brauchst:

feste Pappe, (Klebstoff), Farbstifte, eine Schere und eine Musterbeutelklammer.

W0248845

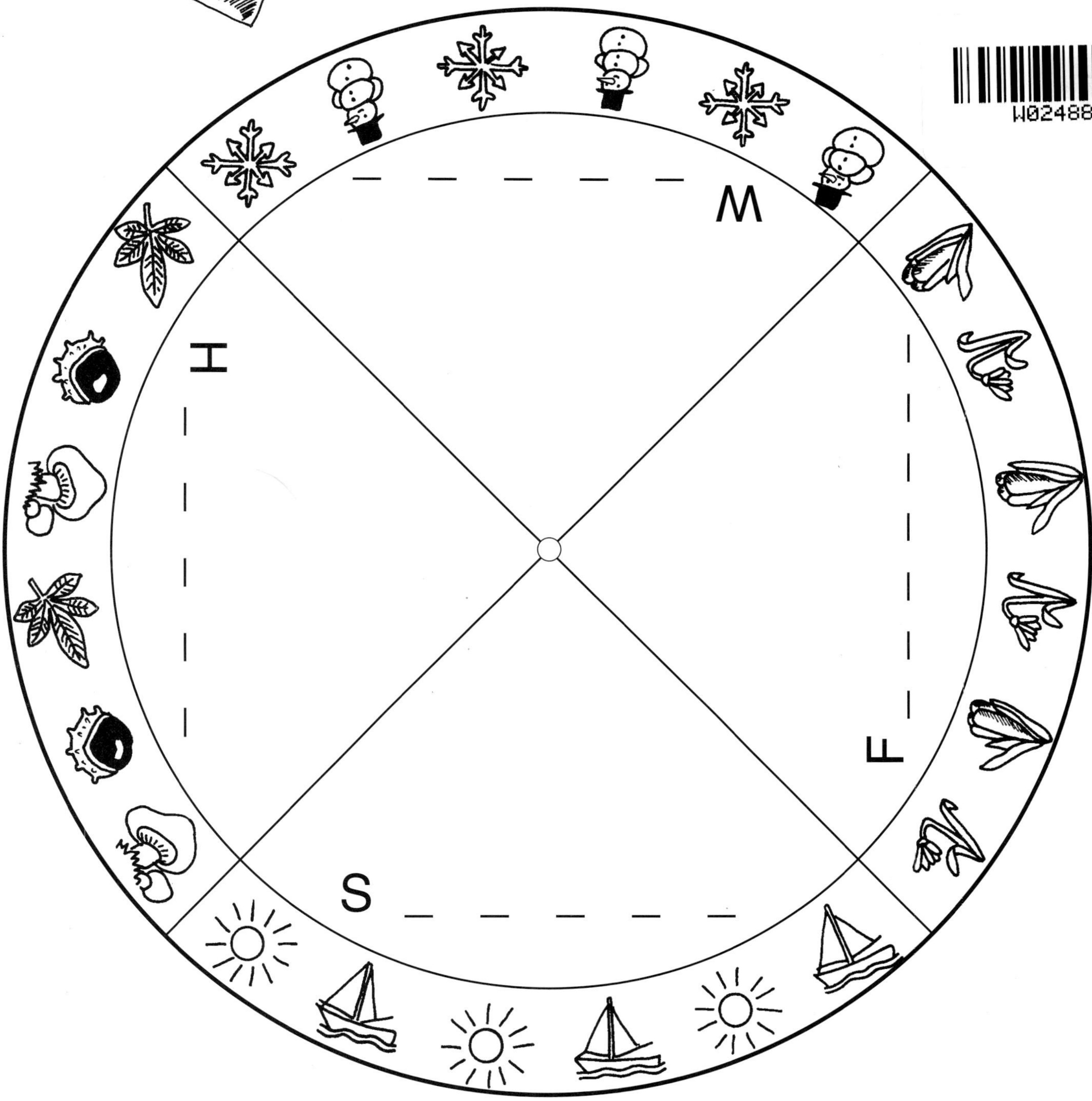

Kennst du die vier Jahreszeiten?
Schreibe sie in den Kreis.
Male die Scheibe farbig an, klebe sie auf Pappe und schneide sie aus.

© Persen Verlag, Buxtehude

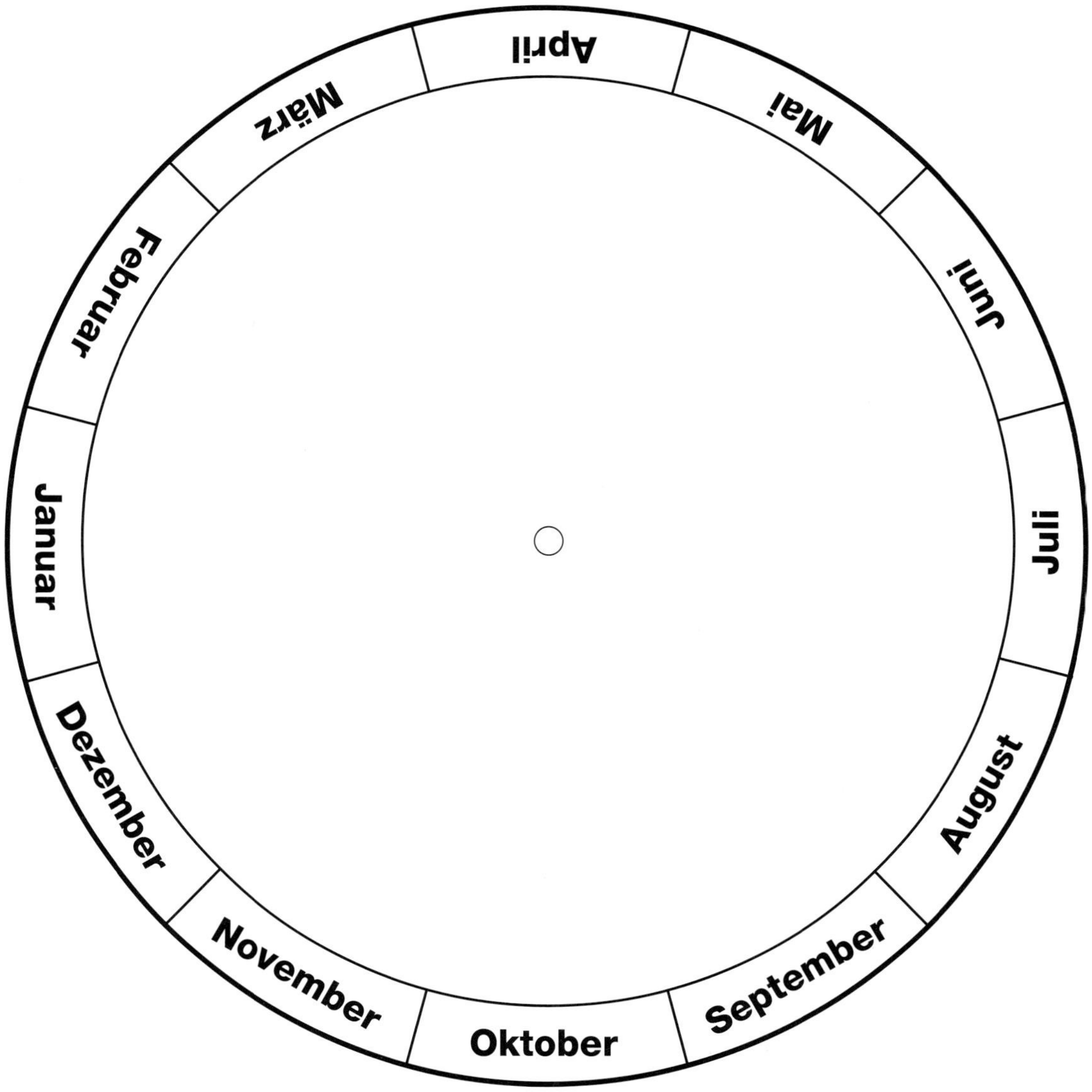

Male den Rand des Kreises in vier verschiedenen Farben an.
Ordne dabei die Monate den Jahreszeiten zu, indem du jeweils die gleiche Farbe verwendest.
Schneide den Kreis aus.

© Persen Verlag, Buxtehude

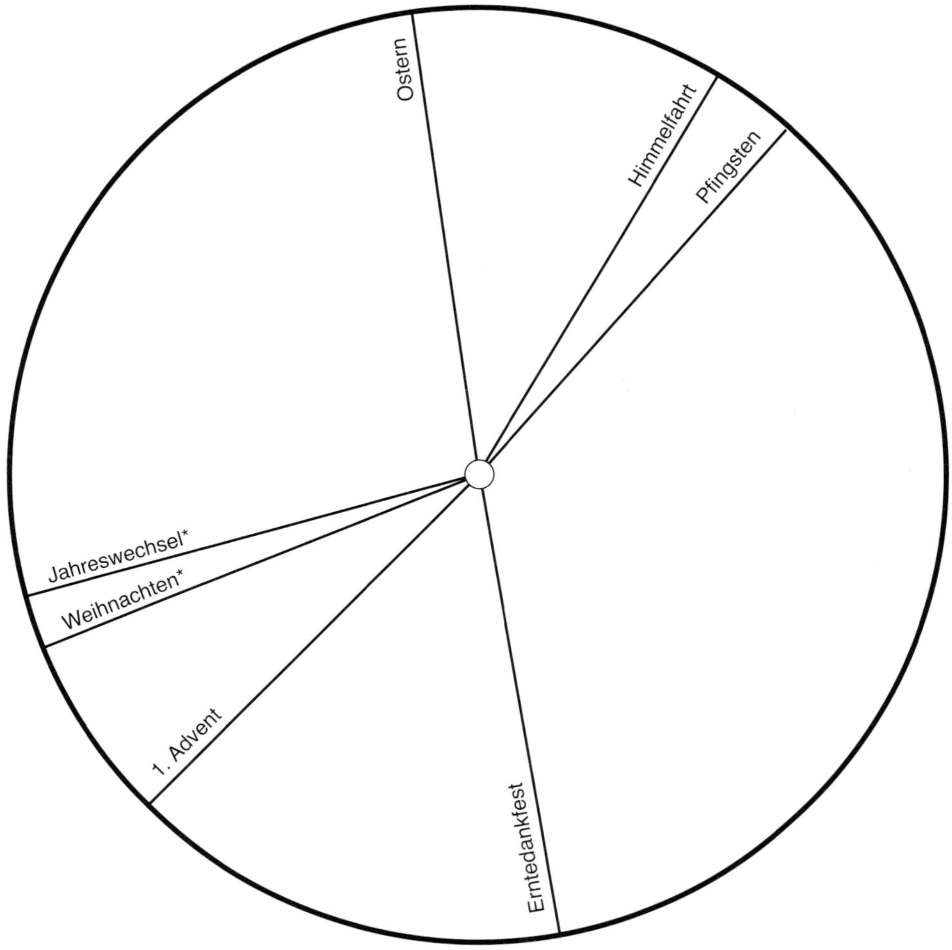

Schneide den Kreis aus.
Lege die drei ausgeschnittenen Kreise übereinander und hefte sie mit der Musterbeutelklammer im Mittelpunkt zusammen.
Drehe die Feste in die richtige Jahreszeit und den richtigen Monat.
Beachte, nur Jahreswechsel und Weihnachten (*) finden jedes Jahr am gleichen Tag des Monats statt. Der genaue Termin der anderen Feiertage wechselt von Jahr zu Jahr. Man nennt sie deshalb auch bewegliche Feiertage.
Ergänze weitere Festtage in deinem Festkreis.

© Persen Verlag, Buxtehude

Jesus im Schuhkarton

Aus dem Märchenbuch kannte ich Feen, Elfen und sprechende Tiere. Meine Mutter erzählte mir vom Weihnachtsmann und Nikolaus, von den Engeln, die mich beschützen, und dem Osterhasen. Also war ich außer von meiner großen Familie noch von einer Menge Fabelwesen umgeben, die ich nicht sehen konnte. Nicht alle meinten es gut. Es gab auch noch die Hexen, Zauberer, Zwerge, Riesen und die böse Fee wie bei Dornröschen. Aber ich konnte ja zum lieben Gott beten. „Der macht das schon“, sagte Tante Elisabeth. Sie war meine Erzieherin im evangelischen Kindergarten. Den lieben Gott konnte ich auch nicht sehen, aber das wunderte mich nicht. Hauptsache war, dass er es gut mit mir meinte und mich überall, wo ich war, beschützte. Daran bestand gar kein Zweifel, denn so hatte es mir Tante Elisabeth erzählt.

Ich ging sehr gern in diesen Kindergarten. Da waren die Geschichten von David und Goliath, vom barmherzigen Samariter, von Noah und seiner Arche.
Mit unseren kleinen roten Stühlen bildeten wir jeden Morgen einen Kreis und ich hörte gespannt auf Tante Elisabeth und ihre Geschichten aus vergangenen Zeiten. Noch lieber als Geschichten hören und Bilder malen mochte ich Kasperletheater oder die Ausflüge ins nahe gelegene Wäldchen, wo wir Pfeifchen aus Kastanien bastelten. Wenn nur nicht der Weg über die Lügenbrücke gewesen wäre! Meine Mutter nannte sie so und erklärte, dass die Brücke auseinanderbräche, wenn sie jemand betritt, der gelogen hat. Dann fiele der Lügner in das kalte, tiefe, schmutzige Wasser des Flusses. Das gab mir jedes Mal zu denken, denn die gebogene Brücke schwankte beim Betreten ganz bedenklich, besonders wenn unsere Kindergruppe darüberhüpfte. Mit dem Lügen war das so eine Sache, manchmal hatte ich schon geschwindelt und da war es besser, kurz vor der Brücke zum lieben Gott zu beten, der es ja gut mit mir meinte und auch in der Not bei mir war. Das hatte immer prima geklappt, obwohl die Brücke wackelte, bin ich nie in den Fluss gefallen.

Aber das tollste Erlebnis hatte ich in der Adventszeit. Da wanderten Maria und Josef mit ihrem Esel auf Watteschnee von Nazareth nach Bethlehem. Jeden Tag durften sie von einem der Kinder ein Stück weitergesetzt werden. Endlich am Stall angekommen, wurde das Jesuskind in die Krippe gelegt. Es kam wie die drei Heiligen Könige, die Hirten und Schafe aus Tante Elisabeths Schuhkarton. „Jesus ist Gottes Sohn und Weihnachten feiern wir seinen Geburtstag“, sagte Tante Elisabeth und die musste es ja wissen.
Jesus konnte ich sehen, ich konnte ihn wirklich sehen! Ich könne auch zu ihm beten, er meine es gut, beschütze mich in der Not und habe mich lieb, versprach Tante Elisabeth. Aber das Tollste war, ich wusste, dass er das ganze Jahr über im Schuhkarton ganz oben auf dem Schrank in unserem Gruppenraum stand.
Bald hatte ich Gelegenheit auszuprobieren, ob das mit dem Jesus nun genauso klappte wie mit Gott und der Lügenbrücke. Ich hatte den Kellerschlüssel verbummelt. Es gab einen Riesenärger und ich musste mich aus Sicherheitsgründen aufs Klo verziehen. Während ich dort Beine baumelnd überlegte, ob ich nun zu Gott oder zu Jesus beten sollte, suchte die ganze Familie verzweifelt nach dem verlorenen Schlüssel. Inzwischen hatte ich mich doch für Jesus entschieden und ihn energisch um Hilfe angefleht. Plötzlich hörte ich: „Da liegt der Schlüssel ja!“ Erleichtert spülte ich und dachte: „Klappt doch.“ Seit dieser Zeit bete ich zu Jesus, den ich sehen konnte.

© Persen Verlag, Buxtehude

Du brauchst:

einen Bogen grünen und einen Bogen weißen Tonkarton, 24 leere Streichholzschachteln, Watte, Farbstifte, Klebstoff, Schere, selbstklebende Ziffern und eine Kordel.

Und so wird es gemacht:

1. Kopiere oder klebe Schäfer und Hund (Blatt 7) auf festen weißen Karton. Male beide Figuren an und schneide sie aus.
2. Vervielfältige Köpfe und Beine für die Schafe (Blatt 7) 6-mal, schneide alle Teile aus und klebe sie an die Streichholzschachteln (siehe Abbildung unten).
3. Klebe an drei Seiten der Schachteln Watte und fülle die Schachteln mit kleinen Überraschungen.
4. Verteile die 24 Schäfchen, Schäfer und Hund auf dem Tonpapier so wie auf einer Weide und klebe alles fest.
5. Beklebe die Schäfchen mit den Ziffern.
6. Bringe eine Kordel zum Aufhängen an.

Fertig ist der Adventskalender!

© Persen Verlag, Buxtehude

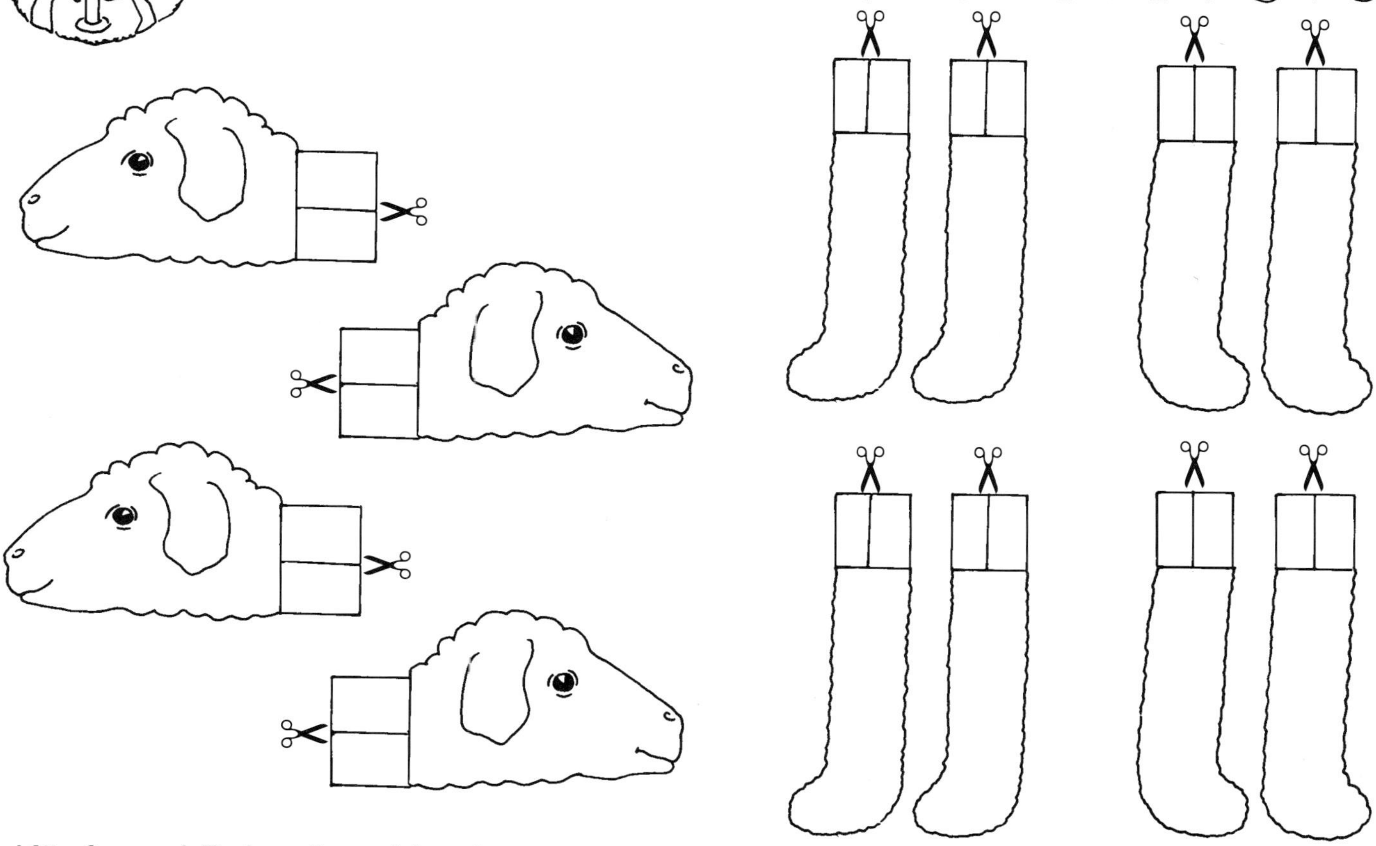

Köpfe und Beine 6-mal kopieren.
Klebefalze einschneiden, auseinanderfalten und an die Schachteln kleben.

© Persen Verlag, Buxtehude

Rätsel: Festtage

- Schneide Kalenderblätter, Bilder und Namen der Festtage aus und ordne sie einander zu.
- Klebe alles in der richtigen Reihenfolge auf ein Blatt Papier.

Festtag der heiligen Barbara

Festtag der heiligen Lucia

Festtag des Sankt Martin

Festtag des Sankt Nikolaus

© Persen Verlag, Buxtehude

BEDEUTUNG

Advent
Vom vierten Sonntag vor Weihnachten bis zum Heiligen Abend

Advent heißt Ankunft, Ankunft des Herrn Jesus Christus auf Erden. Advent ist Erinnerung und Erwartung, Vergangenheit und Zukunft – Jesus Christus ist Mensch geworden.
Alle Christen erinnern sich an das Fest seiner Geburt und bereiten es vor.
Advent ist Wegweiser in die Zukunft. Christen denken auch an die zweite Ankunft des Herrn am Ende der Tage. Advent ist eine Zeit des Wartens und der Vorfreude. Die Adventszeit ist die dunkelste Zeit des Jahres.

Mit dem ersten Advent (vierter Sonntag vor Weihnachten) beginnt das Kirchenjahr. Wir zünden die erste Kerze an. Eine Woche später zwei, dann drei, dann vier. Es wird immer heller. Alle Lichter weisen auf Jesus hin.
Jesus sagt: „Ich bin das Licht der Welt."

BRAUCHTUM

Adventskranz, Adventskalender, Adventssingen, Weihnachtsmarkt, Plätzchenbacken, Adventsbasar …

- Kennst du noch andere Adventsbräuche?
- Nenne Bräuche, die auf die Festtage des Nikolaus, der Barbara, und der Lucia hinweisen.

Wusstest du schon?
Der Adventskranz ist in der ersten Hälfte des 19. Jahrhunderts entstanden.
Johann Hinrich Wichern leitete in Hamburg ein Waisenhaus. Um seinen Waisenkindern das Warten auf Weihnachten zu erleichtern, steckte er 24 Kerzen auf einen Reifen und zündete täglich eine weitere Kerze an.
Später wurde daraus ein Kranz aus Tannenzweigen, violetten Bändern und nur noch vier roten Kerzen.

- Finde heraus, was die Farben Grün, Rot und Violett bedeuten.

© Persen Verlag, Buxtehude

- Male den Schmuckrahmen farbig an und lerne das Gedicht auswendig.

Der kleine Schlauberger

Lena Foellbach

Was schenk ich der Mutti zu Weihnachten bloß?
Ein ganzer Stoß
von Malzetteln fliegt im Zimmer umher –
aber Malen ist schwer!
Da wollt ich ausschneiden
aus buntem Papier,
aber die beiden Häuschen hier
sind schief und krumm –
wie dumm!
Was könnt ich denn noch?
Ein Lied könnt ich singen,
aber 's wird nicht recht klingen,
ein hübsches Gedicht?
Doch dann kann ich 's nicht
und bleib stecken,
da necken
sie mich und lachen drüber,
ach, lass ich 's lieber!
Ein bisschen größer müsste ich sein,
da fiel mir bestimmt was ein …
Jetzt weiß ich 's: Ich rufe bei Mutti an
und sage, hier spricht der Weihnachtsmann,
ich brumme ganz tief, am Telefon
geht das schon,
und in Muttis Büro,
die staunen nur so
und merken nicht,
wer da wirklich spricht!
Ich frag sie nach ihren Wünschen aus,
da kriege ich ganz bestimmt was raus.
Sie sagen immer, ich sei noch zu klein:
Man muss nur ein richtiger Schlauberger sein!

© Persen Verlag, Buxtehude

BEDEUTUNG

Weihnachten
Heiliger Abend am 24. Dezember
Weihnachtstage am 25. und 26. Dezember

Weihnachten ist ein Geburtstagsfest. Wir feiern die Geburt von Jesus Christus, dem Sohn Gottes. Jesus bringt den Menschen Frieden und Liebe. Das Wort Weihnachten stammt von dem mittelhochdeutschen „ze wihen nahten" ab, was so viel heißt wie „in den zwölf heiligen Nächten" (nach der Wintersonnenwende).
Seit dem vierten Jahrhundert feiern die Christen Weihnachten. Der genaue Tag der Geburt Jesu ist unbekannt. Die römische Kirche legte den 25. Dezember als Feiertag fest, bis dahin wurde im Mittelmeerraum der „sol invictus", (der „unbesiegte Sonnengott") verehrt.
Christus als „Licht der Welt" ist aber die wahre Sonne.
In den Symbolen (Herbergssuche, Krippe, Hirten, Weise usw.) der Weihnachtserzählung (Lukas, Kapitel 2) spiegelt sich das ganze Leben Jesu wider.

- Warum feiern wir diesen Geburtstag?
- Was bedeutet Weihnachten heute?

BRAUCHTUM

***Weihnachtskrippe* –** 1223 zum ersten Mal durch den heiligen Franz von Assisi in Greccio (Italien) in einer Kirche aufgestellt.

***Weihnachtsbaum* –** alter vorchristlicher Brauch; immergrüner Baum galt als Wohnung der Götter und Zeichen des Lebens. Der Baum spielt auch in der Bibel eine große Rolle – vom Paradiesbaum bis zum Baum des Kreuzes.
Der Christbaum wurde von Martin Luther zum Weihnachtssymbol der evangelischen Christen erklärt. Als Paradiesbaum trägt er Früchte des Lebens wie Äpfel, Nüsse, Gebäck und später Christbaumkugeln.

***Weihnachtsbescherung* –** älter als das Weihnachtsfest; zum Fest des Sonnengottes und zur Wintersonnenwende wurden Geschenke verteilt. Heute beschenken Christen sich, weil Gott allen Menschen seinen Sohn geschenkt hat.

- Erzähle, wie bei euch zu Hause der Heilige Abend und das Weihnachtsfest gefeiert werden.

© Persen Verlag, Buxtehude

Als Basti „telefonierte“

Es ist der vierte Advent. Als Marion am Morgen ins Wohnzimmer kommt, macht sie große Augen. Da steht ja schon der Weihnachtsbaum.
„Weißt du“, sagt Mama, „das Christkind hat am Heiligen Abend so viel Arbeit. Deswegen hat es uns den Baum schon heute gebracht.“
„Ob das so stimmt?“, denkt Marion.
Basti, unser Zwergkaninchen, findet den Baum sehr interessant. Er versteckt sich darunter, dann knabbert er an ein paar Zweigen herum. Aber besonders gut scheinen sie ihm nicht zu schmecken. Er mag viel lieber ein Stück von einem Weihnachtsplätzchen.
„Er darf aber nur ganz wenig davon haben“, warnt Papa, „sonst wird er krank.“
Am Nachmittag flöten Marion und Papa ein paar Weihnachtslieder. Mama hat sich auf den Sessel gesetzt und Basti hockt neben ihr. Er streckt sich lang aus und döst vor sich hin. Nur manchmal wackelt er mit den Ohren.
„Das macht er immer, wenn ich einen falschen Ton flöte“, meint Marion.
Schließlich fragt Mama: „Könntet ihr mal eine Pause machen? Ich muss noch kurz mit Tante Else telefonieren. Und wenn ihr flötet, kann ich nichts verstehen.“
Marion schiebt Mama das Telefon hin. Mama nimmt den Hörer ab und wählt. Die Telefonschnur vom Gerät zum Hörer liegt jetzt genau vor Bastis Nase. Basti schüttelt den Kopf und schiebt die Schnur zur Seite. Aber die Schnur kommt zurück. Basti schiebt sie wieder zur Seite. Und wieder kommt die Schnur zurück. Da wird er ärgerlich.
Als Mama gerade sagt: „Hallo Else, hier ist …“, da nimmt er die Schnur zwischen seine Nagezähne und beißt sie durch. Das Gespräch ist beendet, noch bevor es richtig angefangen hat. Basti hat die dumme Schnur nicht mehr vor der Nase und legt sich beruhigt wieder hin.

© Persen Verlag, Buxtehude

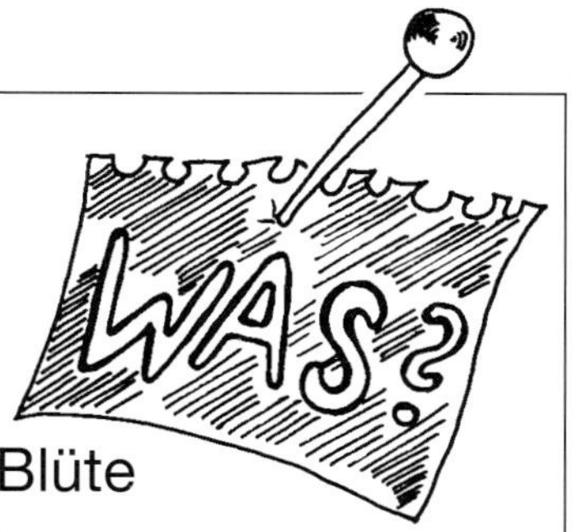

Du brauchst:

ein altes Buch, Klebstoff, goldene Farbe (aus Farbkasten oder Spraydose), Tannenzweige und Weihnachtsdekoration (z. B. Schleifen, Sternchen, kleine Kugeln, künstliche Blüte eines Weihnachtssterns, kleine Kette, Lametta und kleine Musikinstrumente).

Und so wird es gemacht:

1. Das alte Buch etwa in der Mitte aufschlagen. Vier Blätter nach innen wölben und die Außenkanten an den Innenkanten festkleben.
2. An den vier Ecken (siehe Pfeile) trägst du reichlich Klebstoff auf, sodass die darunterliegenden Seiten miteinander verkleben.
3. Mit goldener Farbe trägst du Farbtupfer auf und lässt dann alles gut trocknen.
4. Zum Schluss kannst du die Weihnachtsdekoration und die Tannenzweige ankleben.

© Persen Verlag, Buxtehude

• Finde den Lösungssatz!

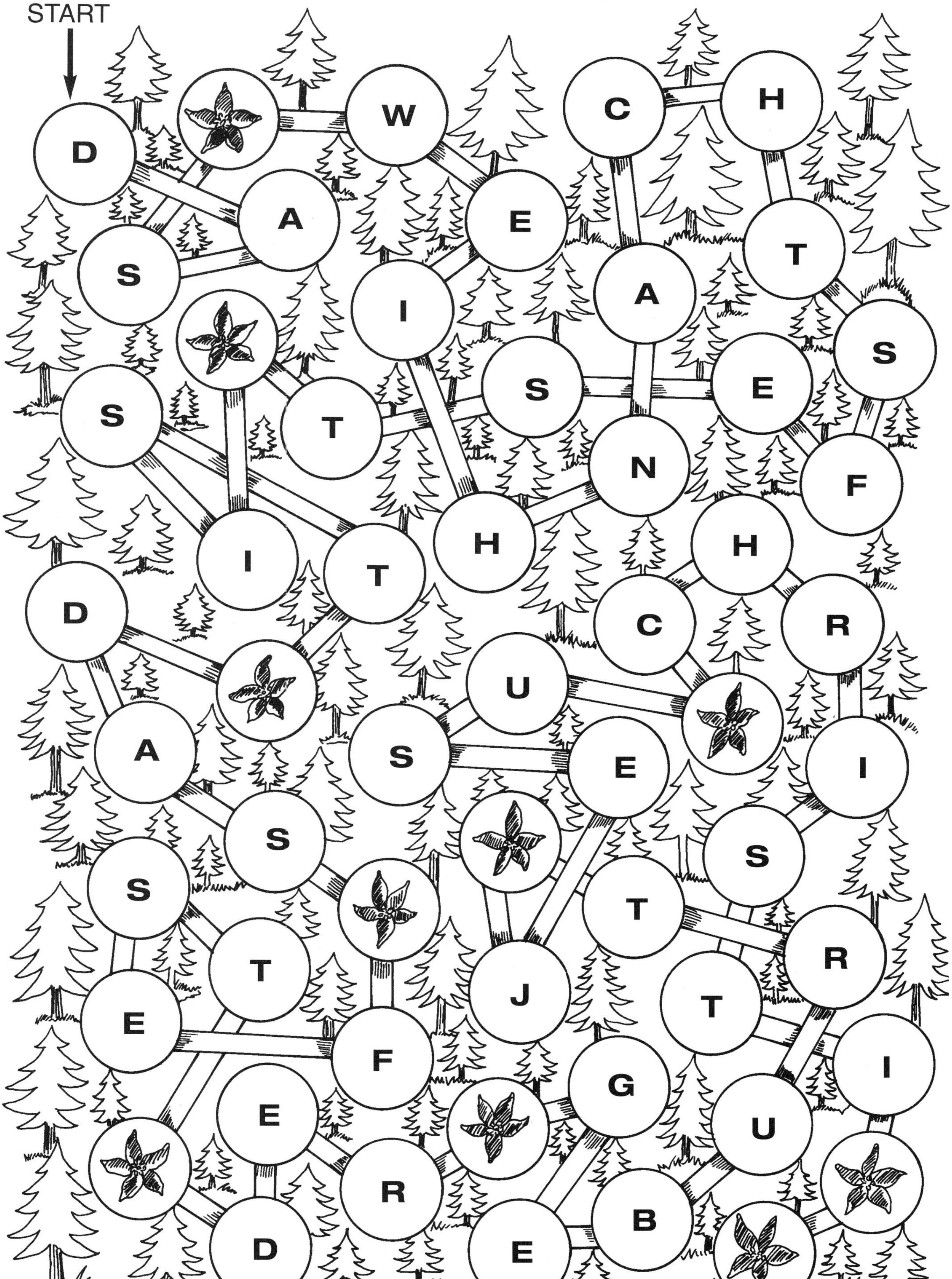

© Persen Verlag, Buxtehude

Du brauchst:

375 g Weizenmehl, 125 g Stärkemehl, 2 Teelöffel Backpulver, 250 g Zucker, 1 Päckchen Vanillinzucker, 3 Tropfen Bittermandel-Backöl, 2 Eier, 250 g Butter und 250 g in Viertel geschnittene Haselnusskerne.

Und so wird es gemacht:

1. Das Mehl, das Stärkemehl und das Backpulver gut mischen und auf ein Backbrett sieben.
2. In die Mitte eine Vertiefung drücken. Zucker, Vanillinzucker, Backöl und die aufgeschlagenen Eier in die Vertiefung hineingeben und mit der Hälfte des Mehls zu einem dicken Brei verarbeiten.
3. Jetzt die in Flöckchen geschnittene Butter und die Haselnusskerne dazugeben und alles mit dem restlichen Mehl zu einem gleichmäßigen Teig verkneten.
4. Aus dem Teig Rollen formen (3 cm Durchmesser) und kalt stellen, bis man davon Scheiben von 0,5 cm Dicke abschneiden kann.
5. Die Scheiben auf ein eingefettetes Backblech verteilen und bei etwa 180° C im gut vorgeheizten Backofen 10–15 Minuten backen.

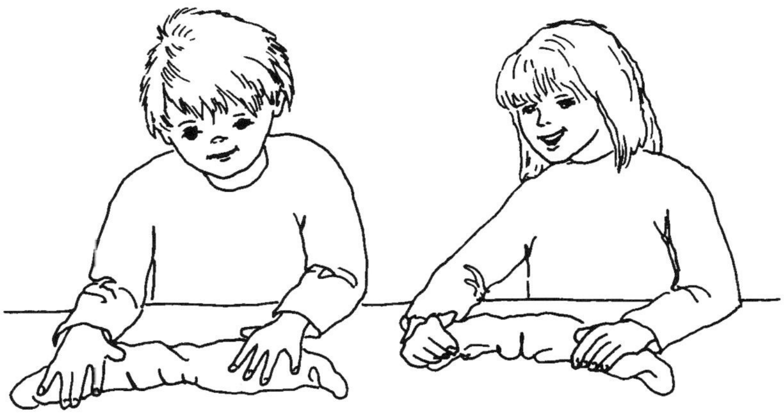

© Persen Verlag, Buxtehude

Hund: *(bellt laut, Stille)*

Katze: Das war zu leise, mein Lieber! Sie müssen lauter bellen. So hört er uns nicht.

Hund: Sie haben gut reden, gnädige Frau! Versuchen Sie doch mal, ihn herbeizurufen!

Katze: Iiich? Mit meinem zarten Stimmchen?

Hund: Ich verstehe nicht, warum er heute nicht kommt. Mein Magen hängt mir vor Hunger fast in den Kniekehlen.

Katze: Glauben Sie, mir geht es anders? Ich bin es gewöhnt, pünktlich mein Essen zu bekommen. Früher, da ging es mir gut, als ich noch bei meiner Frau war. Die hat mich verwöhnt! Die leckersten Katzenspeisen hat sie für mich gekauft oder gekocht. Aber dann musste sie ins Altersheim und durfte mich nicht mitnehmen.

Hund: Und dann sind Sie hier im Tierasyl gelandet. Hier bei Herrn Hannemann!

Katze: Ja! *(schluchzt)* Ich bin sehr heruntergekommen.

Hund: Na aber, gnädige Frau! Sie dürfen sich doch nicht beschweren! Herr Hannemann ist doch sehr nett zu uns. Er versorgt uns alle sehr gut, auch das Schäfchen und den Papagei.

Katze: Sehr gut, sagen Sie? Hier wohne ich in einem Katzenzwinger. Früher, da ruhte ich auf einem Sofa aus echtem, weichem Samt. So wie es sich für eine Perserkatze gehört. Und heute … heute versorgt uns Herr Hannemann gar nicht gut. Er hat sich den ganzen Tag noch nicht sehen lassen. Er hat uns weder etwas zu essen noch etwas zu trinken gebracht. So eine Behandlung bin ich nicht gewöhnt.

Schaf: Ich habe auch Hunger. Mäh! Wenn ich nicht bald Heu kriege, fresse ich noch mein Strohbett an!

Papagei: Ich muss Sie doch alle sehr bitten! *(krächzt)* Wie kann man nur so ungeduldig sein?

Katze: Was heißt denn hier „ungeduldig“? Niemand ist hier ungeduldig! Wir haben doch bloß Hunger, reinen Hunger! Es ist schon Abend, und Herr Hannemann hat uns noch nichts gebracht. Sonst kommt er doch gleich am frühen Morgen zu uns. Was war heute Morgen? Nichts war! Er ist nicht gekommen! Heute Mittag? Wieder nicht! Und jetzt, am Abend? Er scheint wieder nicht nach uns zu schauen. Haben Sie vielleicht eine Erklärung dafür, dass er uns nichts bringt?

Papagei: Naja … so auf Anhieb weiß ich auch nicht …

Katze: Sehen sie? Und dann sagen Sie noch, wir wären ungeduldig.

Papagei: Ich muss gestehen, auch ich wäre nicht böse, wenn ich ein paar frische Körner bekäme. Mein Napf ist ganz leer.

Hund: Es bleibt uns gar nichts anderes übrig, als ihn zu rufen. Wenn er uns hört, kommt er bestimmt sofort.

Katze: Sie haben recht, Waldi! Aber Sie haben doch die ganze Zeit über schon versucht, Herrn Hannemann herbeizurufen. Er hat aber anscheinend nicht gehört.

Schaf: Das war zu leise!

Hund: Zu leise? Ich will mich ja nicht loben, aber ich denke, ich habe von allen Anwesenden die lauteste Stimme.

Papagei: Sicherlich, Waldi! Aber, wie wäre es denn, wenn wir ihn einfach mal alle zusammen rufen?

© Persen Verlag, Buxtehude

Schaf: Gleichzeitig?

Papagei: Ja, gleichzeitig! Das wird er bestimmt nicht überhören.

Katze: Wenn Sie meinen, Herr Papagei! Wie ... wie soll denn das vonstatten gehen?

Papagei: Ganz einfach! Ich zähle bis drei und dann rufen wir los! Jeder schreit so laut er kann.

Hund: Eine gute Idee! Lassen Sie uns gleich anfangen!

Papagei: Eins ... zwei ... drei!

(Miauen, Bellen, Krächzen, Blöken – Stille)

Katze: *(atemlos)* Kommt er?

Hund: Ich glaube nicht.

Papagei: Noch mal! Eins ... zwei ... drei!

(Miauen, Bellen, Krächzen, Blöken – Stille)

Hund: Wieder nichts!

Katze: Er kommt einfach nicht. Er hat uns vergessen. Er will nichts mehr von uns wissen. Wie entsetzlich!

Hund: Das kann ich mir nicht vorstellen. Er vergisst uns doch nicht.

Schaf: Vielleicht hat er etwas Wichtiges zu tun. Bei den Menschen weiß man das nie. Menschen sind so komisch ...

Hund: Ist denn heute ein besonderer Tag für die Menschen?

Papagei: Welches Datum haben wir denn heute?

Hund: Um solchen Menschenkram habe ich mich nie gekümmert.

Katze: Ich schon! Wenn mich nicht alles täuscht, dann ist heute der ... der ... der 24. Dezember.

Papagei: Ah! Jetzt weiß ich es! Die Menschen feiern heute Heiligabend.

Hund: Heiligabend? Bitte, Herr Papagei, können Sie uns das näher erklären?

Schaf: Bringt er uns deswegen kein Essen?

Papagei: Das ist möglich. Man weiß es nicht ...

Schaf: Ich will wissen, was das ist: Reisigabend!

Papagei: Reisigabend heißt das nicht: Heiligabend!

Schaf: Heiligabend dann eben! Ist das was zum Essen?

Papagei: Ach nein! Aber Essen gibt es dabei auch.

Katze: Nun erzählen Sie doch bitte!

Papagei: Sie, gnädige Frau, müssten das aber eigentlich auch wissen. Sie haben doch bei einer alten Dame gelebt.

Persen Bd. 283. Martina Schlecht/Heinz-Lothar Worm: Kirchliche Feste im Jahreslauf – 1.–4. Schuljahr
© Persen Verlag, Buxtehude

Hörspiel: Heiligabend in Herrn Hannemanns Tierasyl (3)

Katze: Jaja!

Papagei: Entsinnen Sie sich nicht, dass die Menschen im Winter immer einen Baum im Zimmer aufgestellt haben?

Hund: Einen Baum mitten im Zimmer? Wie praktisch!

Katze: O ja, natürlich entsinne ich mich. Ich war immer froh, wenn meine Frau dieses stachelige Ungetüm wieder weggeräumt hatte. An diesem Baum waren immer so grüne Stacheln.

Papagei: Die Menschen nennen sie Tannennadeln.

Katze: Und an dem Baum haben sie viele Feuer gemacht.

Hund: Wie bitte? Das kann doch nicht Ihr Ernst sein!

Katze: Doch Waldi, wenn ich es Ihnen doch sage! Lauter kleine Feuer waren an dem Baum.

Hund: Ihre Frau muss verrückt gewesen sein. Feuer ist etwas sehr Gefährliches. Wir Hunde halten uns davon fern.

Papagei: Die alte Dame war gar nicht verrückt, Waldi. Diese vielen Feuer machen die Menschen in jedem Haus.

Schaf: Aber Feuer ist heiß. Da verbrennt man sich.

Katze: Ich habe immer mit den kleinen Holztieren und Holzmenschen gespielt, die unter dem Stachelbaum gestanden haben.

Schaf: Das gibt es doch nicht – Menschen aus Holz. Und Tiere aus Holz gibt es doch auch nicht.

Katze: Das waren ja auch keine richtigen Menschen und Tiere. Die waren nur so aus Holz geschnitzt.

Hund: Jaja, solche unnützen Dinge machen die Menschen manchmal.

Katze: Diese Tiere und Menschen standen in einem kleinen Haus. Es sah lustig aus. Ich habe dann immer alle durcheinandergeworfen. Das hat Spaß gemacht.

Papagei: Erinnern Sie sich noch, was für Tiere und Menschen das waren?

Katze: An die Tiere entsinne ich mich genau, an die Menschen nicht mehr so gut.

Schaf: Was waren das denn für Tiere?

Katze: Das eine war ein Ochse. Der hatte lange Hörner. Und ein Esel war auch dabei.

Hund: Und ein Hund?

Katze: Ein Hund auch. Aber alle aus Holz.

Schaf: Sonst keine Tiere?

Katze: Doch, natürlich! Schafe waren dabei. Das hätte ich fast vergessen.

Schaf: Da bin ich aber froh. Waren die Schafe ganz alleine da?

Katze: Nein, die Schafe hatten einen Menschen bei sich. Einen, der die Schafe herumführt. Ich weiß aber nicht, wie man so einen Menschen nennt.

Schaf: Das wissen Sie nicht? So einen Menschen nennt man Schäfer oder Hirte.

© Persen Verlag, Buxtehude

Schaf: So einer war auch dabei?

Katze: Ja – und noch andere Menschen.

Papagei: Fällt Ihnen noch etwas ein zu diesem kleinen Haus und den Figuren aus Holz?

Katze: Naja, wissen Sie, Herr Papagei, ich war so verspielt, ich habe die Figuren gar nicht angesehen. Es war viel lustiger, diese kleinen Spielzeuge umzuwerfen, anstatt sie stehen zu lassen und sie anzuschauen.

Papagei: Der heutige Tag, der Heiligabend, hat nämlich mit diesen Figuren etwas zu tun.

Schaf: Mit uns Schafen hat der Reisigabend etwas zu tun?

Hund: Es heißt doch „Heiligabend"!

Katze: Ach bitte, Herr Papagei, erzählen Sie doch, was es mit diesem Abend auf sich hat. Ich bin inzwischen sehr neugierig geworden.

Schaf: Ja, los, erzählen Sie! Das will ich hören! Wo doch auch Schafe dabei sind.

Hund: Ich würde die Sache auch gerne erfahren.

Papagei: Ich will versuchen, die Geschichte von Anfang an zu erzählen. So wie ich sie oft gehört habe. Es ist aber eine Geschichte, die hauptsächlich die Menschen etwas angeht.

Katze: Aber Tiere waren doch auch dabei.

Schaf: *(frech)* Nun erzählen Sie schon! Los, los!

Papagei: Darf ich um etwas mehr Höflichkeit bitten? Herumkommandieren lasse ich mich nicht.

Hund: Der Herr Papagei hat recht. Sie benehmen sich wirklich wie ein vorlautes kleines Schaf.

Schaf: *(schluchzt)* Was habe ich denn jetzt schon wieder getan?

Papagei: Schon gut! Nun hören Sie alle zu! Es ist jetzt schon lange her, da schickte Gott seinen Sohn auf die Welt.

Schaf: Wie denn? Er schickte seinen Sohn? Hat er ihn geschickt wie einen Brief? Mit der Post?

Papagei: Nein! Sein Sohn sollte ein Mensch werden. Und von einer Menschenfrau sollte er geboren sein. Wie ein richtiges kleines Baby sollte er zur Welt kommen.

Hund: Warum aber bloß als Mensch?

Papagei: Weil Gott die Menschen besonders gern hat.

Katze: Und die Tiere? Hat er die nicht besonders gerne?

Papagei: Doch! Die Tiere auch. Aber sein Sohn sollte ein Mensch werden. Eines Tages kam zu einer jungen Frau ein Bote Gottes. Die junge Frau war sehr erschrocken. Als der Bote Gottes zu ihr redete, da wusste sie gar nicht, wer das war.

Schaf: Wie sieht denn ein Bote Gottes aus?

Papagei: Ich weiß es nicht, ich habe noch keinen gesehen. Aber die Menschen denken, Gottes Boten hätten Flügel, wie ich zum Beispiel.

Katze: Ich finde es nicht gut, dass Sie dauernd dumme Zwischenfragen stellen, Fräulein Schaf. Sie lassen Herrn Papagei überhaupt nicht ausreden.

© Persen Verlag, Buxtehude

Hörspiel: Heiligabend in Herrn Hannemanns Tierasyl (5)

Schaf: Aber wenn ich das doch alles nicht weiß? Dann muss ich doch fragen!

Papagei: Der Bote Gottes redete mit der jungen Frau. Er sagte zu ihr, dass sie bald einen kleinen Sohn bekommen würde. Und dieser Sohn, das wäre auch gleichzeitig der Sohn Gottes.

Hund: Aber was hat das alles mit dem Häuschen unter dem Weihnachtsbaum zu tun, mit dem unsere Freundin, die Katze, früher gespielt hat?

Papagei: Bitte Waldi, haben sie noch einen Augenblick Geduld!

Hund: Entschuldigen Sie, Herr Papagei!

Papagei: Nun hören Sie, was dann geschah! Als die Zeit gekommen war, dass die junge Frau den Sohn Gottes zur Welt bringen sollte, da musste sie sich mit ihrem Verlobten auf die Reise machen.

Katze: Das ist aber gar nicht gut. Sie hätte besser daheim bleiben sollen.

Papagei: Das ging aber nicht. Damals sollte sich jeder in eine Steuerliste eintragen lassen.

Schaf: Steuerliste? Was ist denn das?

Hund: Sie hatten vermutlich keine Hundesteuermarken um. Die sollten sie sich dort abholen.

Papagei: „Hundesteuer" heißt das bei den Menschen nicht. Sie mussten damals ihrem Obermenschen, dem Kaiser, jedes Jahr etwas bezahlen. Und da sollte ganz genau aufgeschrieben werden, wer etwas bezahlen musste. Dazu musste jeder dorthin reisen, wo seine Familie herstammte.

Katze: Du liebe Zeit! Da müsste ich ja nach Persien reisen, weil ich eine Perserkatze bin.

Papagei: Sehen Sie? Und diese junge Frau musste mit ihrem Verlobten in eine Stadt reisen, die Bethlehem hieß, weil dessen Familie eben aus Bethlehem stammte. Und das war gerade zu der Zeit, als die junge Frau ihr Baby bekommen sollte.

Schaf: Aber Sie haben immer noch nichts von Schafen erzählt, Herr Papagei!

Papagei: Nun kam die junge Frau nach einer langen Reise mit ihrem Verlobten in der Stadt Bethlehem an, und da … *(Pause)*

Katze: Was dann? Reden Sie doch bitte weiter!

Papagei: Überall, wo sie anklopften und nach einem Nachtlager fragten, wurden sie weggeschickt ... Die Menschen hatten nirgendwo Platz für sie.

Hund: Ja, wussten sie denn nicht, dass diese junge Frau den Sohn Gottes gebären sollte?

Papagei: Nein, das wussten sie da noch nicht.

Schaf: Gab es denn kein Tierasyl, wo sie hätten wohnen können wie wir?

Papagei: Ein Tierasyl nicht gerade, aber sie fanden einen Stall.

Hund: Einen Stall?

Papagei: Ja, einen Stall! Bei den Menschen fanden sie keinen Platz für den Sohn Gottes, aber bei den Tieren.

Katze: Das verstehe ich aber nicht. Hätte Gott denn nicht dafür sorgen können, dass sein Sohn in einem richtigen Menschenhaus zur Welt kommt? Ich meine … ein Stall ist etwas für Tiere, aber für Menschen?

© Persen Verlag, Buxtehude

Papagei: Gottes Sohn kam in einem Stall zur Welt. Damit wollte Gott vielleicht auch uns Tieren sagen, dass er uns lieb hat. Und er wollte den Menschen damit zeigen, dass es ihm nichts ausmacht, ganz arm zu sein.

Katze: Aber, wenn ich mich richtig besinne, dann hat meine Mutter für mich und meine Geschwister ein richtiges Nest gebaut. Das war schön warm. Wie war das denn in dem Stall?

Papagei: Ein Nest? Naja, das ist bei den Menschen nicht so. Sie machen ein kleines, warmes Bett zurecht, wenn sie ein Baby bekommen.

Hund: Aber in dem Stall ist doch bestimmt kein Bett für ein Menschenkind gewesen.

Papagei: Nein, natürlich nicht. In dem Stall stand zum Glück eine Futterkrippe. Eine richtige Futterkrippe für einen Ochsen und einen Esel. Und diese Krippe sah aus wie ein Bettchen für ein Kind. Dorthinein hat die junge Frau den Sohn Gottes gelegt.

Schaf: Das finde ich schön, dass der Sohn Gottes in einer Futterkrippe geschlafen hat. Aber wo sind die Schafe? Die sind doch auch dabei gewesen.

Papagei: In der Nähe waren Hirten mit ihren Schafen auf den Feldern.

Schaf: Mäh! Juhu, jetzt kommen die Schafe dran!

Papagei: Diese Hirten blieben nachts bei ihren Schafen. Plötzlich wurde es ganz hell. Da erschraken sie.

Schaf: Und die Schafe erschraken auch. Bestimmt!

Papagei: Der Bote Gottes kam zu ihnen und sagte ihnen etwas. Sie sollten in die Stadt Bethlehem gehen und nach einem kleinen Kind suchen, das in einem Stall in der Krippe liegt. Das wäre der Sohn Gottes. Sie sollten hingehen und es anschauen.

Katze: Und … haben sie es getan?

Papagei: Ja, aber erst, als der Bote Gottes wieder fort war. Als er nichts mehr sagte. Da hörten sie ganz viele Boten Gottes singen.

Hund: Aber Sie haben doch nur von einem Boten Gottes geredet.

Papagei: Ja, zuerst war nur einer da, aber dann, auf einmal waren ganz viele da. Die sangen: „Ehre sei Gott in der Höhe …" Ich weiß nicht mehr genau, was sie dann sangen, es war etwas mit Frieden auf dem Boden …

Schaf: Das haben die Schafe bestimmt mitgehört.

Papagei: Ja, sicherlich haben die Schafe das mitgehört.

Katze: Was haben die … Schäfer dann gemacht?

Papagei: Sie sind auf die Suche gegangen, um sich das Kind anzusehen.

Hund: Und dann?

Papagei: Es war genauso, wie sie es von dem Boten Gottes gehört hatten. Sie fanden das Kind in dem Stall. Es lag in der Futterkrippe. Da fielen sie vor ihm nieder und beteten es an. Denn es war ja der Sohn Gottes. Sehen Sie, liebe gnädige Frau, das war das Haus, das Sie unter dem Tannenbaum gesehen haben. Das Haus war der Stall.
In dem Stall waren Ochse und Esel. Und dann waren da die Hirten mit ihrem Hund und mit den Schafen.

© Persen Verlag, Buxtehude

Katze: Jetzt verstehe ich das alles erst. Und die Frau, die auch noch dabei war, das war bestimmt die Frau, die den Sohn Gottes geboren hatte … Ja natürlich … und der Mann neben ihr, das kann doch nur ihr Verlobter gewesen sein. Richtig … an das kleine Kind in der Krippe entsinne ich mich auch … das war alles aus Holz geschnitzt. Ich muss gestehen, dass ich diese kleine Schnitzerei, das Kind in der Krippe, besonders gerne umgeworfen habe. Ich wusste ja nicht, dass …

Hund: Sind sonst keine Menschen dabei gewesen?

Katze: Doch, da waren noch drei besondere Menschenfiguren aus Holz. Die sahen sehr schön aus. Und sie hatten alle irgendetwas in der Hand.

Papagei: Das waren Geschenke.

Schaf: Wenn Sie wissen, dass es Geschenke waren, dann wissen Sie doch bestimmt auch, wer diese Männer waren.

Papagei: Ja, das weiß ich. Es waren drei gelehrte Männer, die von weit her gekommen waren. Sie hatten am Himmel einen ganz besonderen Stern gesehen. Und sie wussten auch, was dieser Stern bedeuten sollte.

Schaf: Ein Stern soll etwas bedeuten? Wie komisch!

Papagei: Der Stern sagte ihnen: Im Land der Juden ist ein neuer König geboren worden. Und da machten sie sich auf, um ihn zu besuchen und um ihm Geschenke zu bringen.

Hund: Aber eigentlich stimmte das doch gar nicht. Der Sohn Gottes war ja nicht in einem Königsschloss geboren worden, sondern in einem Stall.

Papagei: Das merkten die drei Gelehrten auch bald, dass es im Königsschloss gar keinen neugeborenen König gab.

Schaf: Der war ja in dem Stall!

Hund: Aber es war doch gar kein König. Das war doch der Sohn Gottes.

Papagei: Der Sohn Gottes ist noch viel mehr als ein König … Die drei fanden das Kind schließlich im Stall. Und sie brachten ihm ihre Geschenke und beteten es an.

Katze: Wie haben sie denn den Weg in den Stall gefunden?

Papagei: Der Stern, der sie darauf aufmerksam gemacht hatte, dass ein neuer König geboren war, der stand auf einmal wieder am Himmel. Und er ging vor ihnen her, bis er über der Stelle stand, wo das Kind war.

Katze: Richtig, ich erinnere mich wieder. Oben am Haus im Weihnachtszimmer, da war ein großer Stern.

Papagei: Sehen Sie, gnädige Frau …

Hund: Aber … warum? Warum stellen sie sich solch einen Stall mit Figuren unter den Tannenbaum?

Papagei: Ich weiß es auch nicht genau. Vielleicht, damit sie sich besser daran erinnern können, dass Gottes Sohn zur Welt gekommen ist.

Schaf: Sie haben ihn doch bestimmt sehr gerne, den Gottessohn!

Papagei: Die Menschen? Ich weiß es nicht.

Katze: Was ist denn überhaupt aus dem Gottessohn geworden, später, als er herangewachsen war?

© Persen Verlag, Buxtehude

Hörspiel: Heiligabend in Herrn Hannemanns Tierasyl (8)

Papagei: Er hat den Menschen von Gott, seinem Vater, erzählt. Er hat Kranke gesund gemacht, er hat wilde Stürme bezähmt und still gemacht.

Hund: Da haben die Menschen ihn sicherlich sehr bewundert?

Katze: Und ihn auch geliebt?

Papagei: Bewundert haben sie ihn schon, aber geliebt haben ihn nur wenige. Und zuletzt … ich mag es gar nicht sagen … zuletzt haben ihn seine Feinde getötet. Wie einen Verbrecher.

Katze: Das ist ja schrecklich! Das ist ja schrecklich, was die Menschen mit ihm angestellt haben. Das wäre bei uns Tieren bestimmt nicht geschehen.

Papagei: Zum Glück ist er nicht tot geblieben. Gott hat ihn wieder lebendig gemacht.

Hund: Na klar, Gott erlaubt doch nicht, dass sein Sohn tot bleibt.

Katze: Und was hat das alles mit Herrn Hannemann zu tun? Kommt er jetzt nicht zu uns, weil Heiligabend ist?

Papagei: Naja, ich dachte, er ist vielleicht schon etwas vergesslich. Und heute, wo die Menschen bei dem Tannenbaum sitzen und an die Geschichte mit dem Gottessohn denken und sich gegenseitig Geschenke machen, da hat er uns vielleicht ganz einfach vergessen.

Katze: Pst, ich höre etwas rascheln. Da ist doch etwas.

Hund: Ich höre es auch. Da raschelt etwas. Es hört sich an … wie eine Maus.

Maus: *(mit piepsender Stimme)* Bin ich auch. Ich bin eine Maus.

Katze: Entsetzlich! Gehen Sie weg, Sie freche Person! Ich kann Mäuse nicht leiden.

Maus: Da müssen Sie aber eine merkwürdige Katze sein, dass Sie keine Mäuse leiden können.

Katze: Schweigen Sie still!

Maus: Ich habe immer gedacht, die Katzen hätten die Mäuse zum Fressen gern!

Hund: Was wollen Sie denn hier bei uns im Tierasyl? Sind Sie heimatlos wie wir?

Maus: Ich? Heimatlos? Eine kleine Maus wie ich findet immer ein Heim.

Papagei: Warum sind Sie denn hierhergekommen? Wenn Sie wieder in meinen Käfig klettern wollen, um ein paar Körner zu stibitzen, wie Sie das sonst jede Nacht machen, dann muss ich Sie enttäuschen. Es ist nichts mehr in meinem Napf.

Maus: Huch! Haben Sie das gemerkt, dass ich jede Nacht mal in Ihren Napf schaue? Ich dachte, Sie schliefen dann immer.

Papagei: Ein alter Papagei wie ich hat einen leichten Schlaf. Also … heute ist nichts in meinem Napf.

Maus: Das weiß ich. Es kann nichts darin sein. Herr Hannemann kann nämlich nicht herkommen. Er liegt in seiner Stube und kann nicht aufstehen.

Katze: Wie bitte? Er kann nicht aufstehen? Hat er sich verletzt?

Maus: Irgendetwas ist mit seinem Fuß. Er liegt da und jammert. Er möchte einen Arzt rufen, aber er kann nicht. Er kann sich nicht bewegen. Dabei ist es gar nicht weit bis zum Telefon. Er müsste nur zum Telefon oder das Telefon müsste zu ihm kommen.
Dann könnte er einen Arzt anrufen. Aber ich bin einfach zu schwach, um ein Telefon zu tragen.

© Persen Verlag, Buxtehude

Schaf: Was ist denn das, ein Telefon?

Maus: Es sieht fast aus wie eine schwarze Banane. Man spricht hinein, und dann hört das jemand, der ganz weit weg ist. In einem anderen Haus.

Katze: Und damit könnte er einen Arzt rufen?

Maus: Ja, nur er kann nicht hinkommen.

Papagei: Irgendjemand müsste es ihm hintragen.

Hund: Aber wer denn?

Maus: Hier, der Hundezwinger, der hat eine Tür mit Holzstäben. Wenn ich einen Stab davon einfach durchnage, meinen Sie, Sie könnten sich dann durchzwängen? Sie könnten zum Haus laufen. Herrn Hannemanns Haustür ist nur angelehnt. Dort können Sie leicht hineinkommen und ihm vorsichtig seinen Telefonapparat bringen.

Hund: Selbstverständlich! So machen wir das. Fangen Sie doch bitte gleich an zu nagen!

Katze: Ich hätte nicht gedacht, dass eine Maus so klug sein kann.

(Nagegeräusche)

Maus: Können Sie mir mal helfen? Ich habe diesen Holzstab fast durchgenagt. Wenn Sie mal fest dagegendrücken? Aber warten Sie, bis ich fort bin. Dass Sie mich nicht aus Versehen tottreten.

Hund: Hau ruck, hau ruck! Er bewegt sich schon, der Stab. Aber er will nicht brechen.

Papagei: Wir helfen alle mit.

Alle: Hau ruck, hau ruck! *(Brechen von Holz)*

Katze: Sie haben es geschafft! Sie sind wirklich stark, lieber Waldi!

Hund: So, und jetzt zeigen Sie mir bitte den Weg zu Herrn Hannemann, meine Liebe!

Katze: Beeilen Sie sich, Waldi!

(Stille)

Papagei: Na hoffentlich klappt es. Herr Hannemann muss unbedingt einen Arzt haben.

Schaf: Hören Sie etwas?

Katze: Es ist zu weit weg. Man kann nicht hören, was im Haus geschieht.

(Musik)

Papagei: Herr Waldi, da kommen Sie ja! Hat es geklappt? Haben Sie Herrn Hannemann helfen können?

Maus: Ja, Waldi hat Herrn Hannemann das Telefon bringen können. Und Herr Hannemann konnte den Arzt anrufen. Er hat sich sehr gefreut, dass seine Tiere ihn nicht im Stich gelassen haben.

Hund: Er hat außerdem gesagt, er wird dafür sorgen, dass ein Nachbar kommt und uns allen ein ganz besonders gutes Weihnachtsfressen bringt.

Bd. 283. Martina Schlecht/Heinz-Lothar Worm: Kirchliche Feste im Jahreslauf – 1.–4. Schuljahr
© Persen Verlag, Buxtehude

- Male den Schmuckrahmen farbig an und lerne das Gedicht auswendig.

Krippe und Christkind am Fenster

Betrachtung eines Vorübergehenden

Egon Günther

Ein ärmliches Haus. Astwerk und Moos
und Josef im Gebet,
darüber, strahlend, gelb und groß,
der heilige Komet.

Drei Ochsen und drei Könige,
die biegen fromm die Knie;
es wiegt ihr Kind die selige
jungfräuliche Marie.

Das alles leuchtet wunderbar
– ein heiliges Willkomm'!
Und wer vorbeigeht, lacht sogar
und fühlt ein wenig fromm.

Es fällt ein Schnee, flaumig und dicht,
in weißer Flockenschar.
Wer nun kommt, hebt den Blick geschwind
und denkt sich, dass dem lieben Kind
in Bethlehem wohl damals nicht
so kalt gewesen war.

© Persen Verlag, Buxtehude

BEDEUTUNG

Ostern
Sonntag nach dem ersten Vollmond im Frühling

Ostern ist das bedeutendste Fest im christlichen Jahreskreis.
Es beginnt mit der Karwoche:
Palmsonntag – Einzug in Jerusalem
Gründonnerstag – Das letzte Abendmahl
Karfreitag – Verrat, Gefangennahme und Kreuzigung

Am Ostersonntag hat Gott Jesus von den Toten auferweckt. Es ist ein Freudenfest. Die Ostergeschichte steht bei Lukas, Kapitel 24.
Ostern bedeutet: Auch wenn wir mutlos und verzweifelt sind – ein neuer Anfang, ein neues Leben ist möglich.
Auch die Natur erwacht im Frühling zu neuem Leben.

- Erzähle, was du in der Natur beobachten kannst.

BRAUCHTUM

Osterei – das Ei ist ein uraltes Fruchtbarkeitssymbol. Aus der leblosen Schale bricht sich das Küken einen Weg. Es entsteht neues Leben.

Osterlamm – das Lamm ist Symbol für die Wehrlosigkeit, da es ohne Waffen den wilden Tieren ausgesetzt ist. Es war im Alten Testament ein bevorzugtes Opfertier. Jesus ist wehrlos am Kreuz für die Sünden der Menschen gestorben. Er hat sich geopfert und wird deshalb auch „Lamm Gottes“ genannt.

Osterhase – erst um 1930 haben sich die Hasen überall gegen Hahn, Storch, Fuchs und Kuckuck durchgesetzt, die früher „die Eier brachten“.

- Ergänze die Osterbräuche.

Osterkerze, Osterfeuer, Osterwasser, ...

....

© Persen Verlag, Buxtehude

Ostergeschenk für Mama

„Papa, ich möchte so gerne ein Tier haben“, sagt Marion eines schönen Tages zu ihrem Vater. „Alle meine Klassenkameraden haben ein Tier, nur ich habe keins.“
„Alle haben eins?“, fragt Papa. „Das kann ich mir gar nicht vorstellen. Wer von deinen Klassenkameradinnen oder Klassenkameraden hat denn ein Tier?“
„Naja, Eva hat einen Hund, Regina hat einen Wellensittich und … und Roland hat einen Goldhamster.“

„Aber das sind doch nicht alle.“
„Die anderen haben auch Tiere.“
„Und an was hattest du gedacht?“
„Am liebsten hätte ich ein Kaninchen.“
„Ein Kaninchen?“
„Ja, ein süßes, kleines Zwergkaninchen. So richtig zum Liebhaben.“
„Schön“, seufzt Marions Vater. „Wie soll das denn mit der Pflege aussehen? Wer füttert das Tierchen? Wer macht den Käfig sauber?“
„Na ich selbstverständlich!“
„Wirklich? Wie war das denn mit deiner Schildkröte, der Helene? Die musste zuletzt doch immer von Mama gefüttert werden.“
„Mit der Schildkröte war das etwas ganz anderes.“
„Ach so?“
Am Nachmittag trifft Marion sich mit Regina. Reginas Nachbar, ein alter Herr, hat viele kleine weiße Kaninchen im Stall. In eins davon hat Marion sich sofort verliebt. Das möchte sie sehr gerne kaufen. Es kostet zehn Euro. Aber ihr Vater hat leider nicht zugestimmt. Da kommt ihr eine gute Idee …
Am Ostermorgen soll sie das Osternest suchen, das der Osterhase für sie versteckt hat. Leider regnet es, sodass der Osterhase kein Nest im Garten herrichten konnte. Er hat die Eier und die Süßigkeiten im Haus versteckt. Marion findet alles hinter dem Fernsehschrank im Wohnzimmer.
Dann soll Mama sich auf die Suche machen. Sie findet nichts. „Du musst in der ganzen Wohnung nachschauen“, sagt Marion.
Mama sucht ganz verzweifelt. Zuletzt schaut sie in die Duschkabine. Darin steht ein Kleintierkäfig mit einem niedlichen weißen Zwergkaninchen. Erstaunt schreit Mama auf. „Der kleine Hase ist für mich? Ist der goldig …“
„Aber du wolltest doch keine Tiere mehr im Haus haben“, meint Papa.
„Schon, aber so ein niedliches Kerlchen …“
Marion denkt: „Das hat ja gut geklappt. Es macht gar nichts, dass es Mama gehört.“
Am Nachmittag bekommt das Kaninchen seinen Namen. Es soll „Basti“ heißen.

© Persen Verlag, Buxtehude

Du brauchst:

Farbstifte oder Wasserfarben und Pinsel, Schere, Klebstoff und Zwirn.

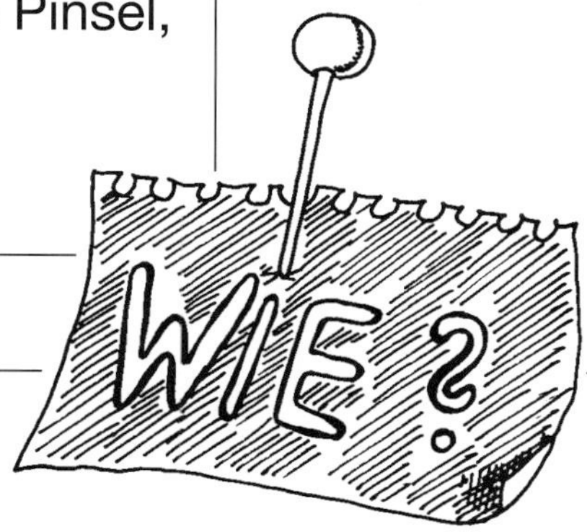

Und so wird es gemacht:

1. Kopiere die Vorlagen (Blatt 27 und 28).
2. Male die Ostereier schön bunt an und schneide sie aus.
3. Befestige einen Aufhängefaden und hänge die Eier an Zweige oder ins Fenster.

Tipp: Auf den Rückseiten der Vorlagen kannst du selbst Muster entwerfen oder du kopierst die Vorlagen 2-mal und klebst je zwei zusammen.

© Persen Verlag, Buxtehude

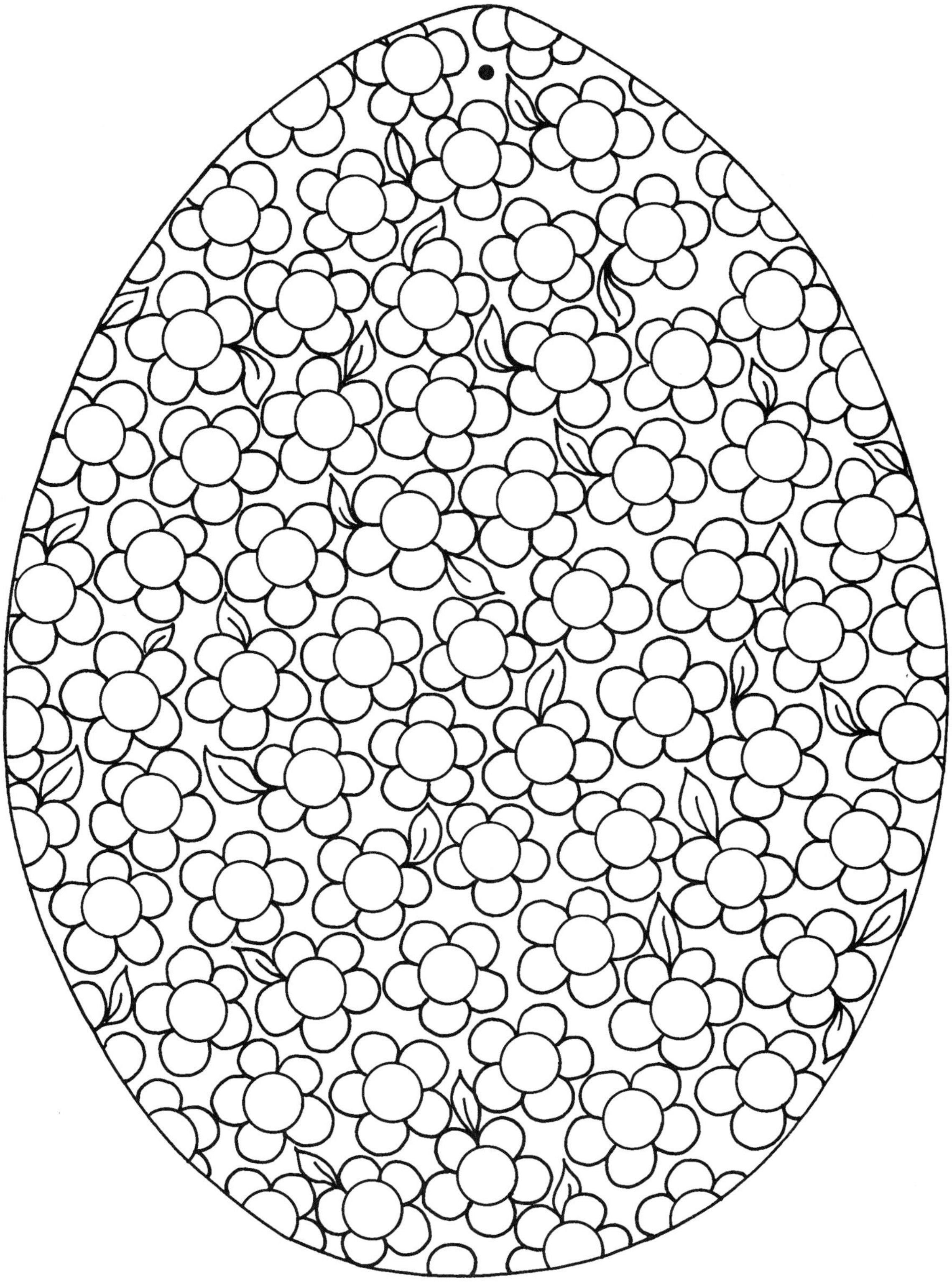

© Persen Verlag, Buxtehude

Rätsel: Silbenrätsel

- Löse das Rätsel und finde das Lösungswort.
  Die Silben helfen dir dabei.

BLU - CHEN - CKEN - DIENST - EI - EN - FE - FRÜH - GLO - GLÖCK- GOT - HA - KRO - KUS - LING - MEN - NEN - NEST - OS - OS - OS - OS - OS - OS - PEN - RI - SCHEIN - SCHLÜS - SCHNEE - SE - SEL - SON - TER - TER - TER - TER - TER - TER - TES - TUL

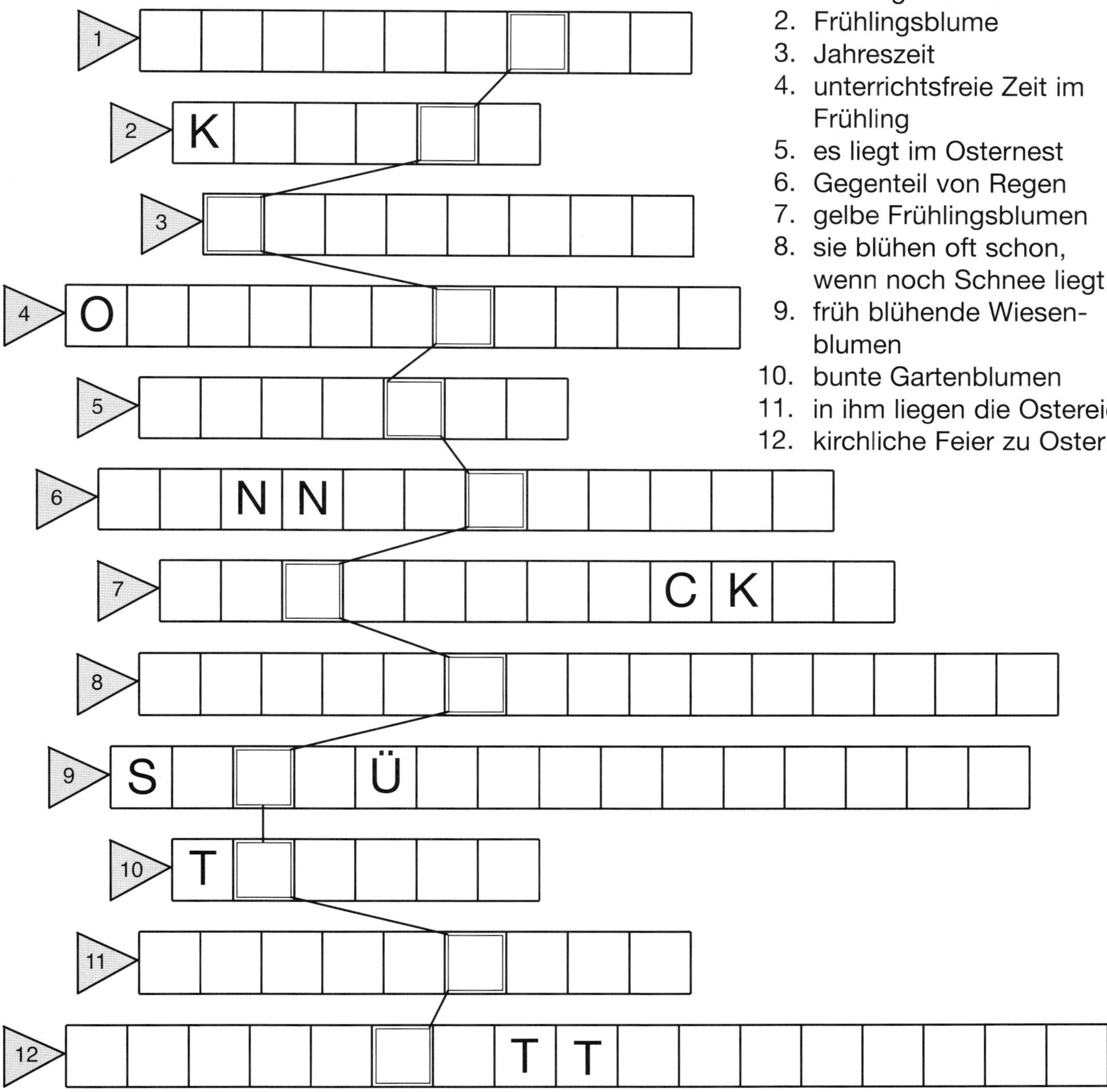

1. er bringt Ostereier
2. Frühlingsblume
3. Jahreszeit
4. unterrichtsfreie Zeit im Frühling
5. es liegt im Osternest
6. Gegenteil von Regen
7. gelbe Frühlingsblumen
8. sie blühen oft schon, wenn noch Schnee liegt
9. früh blühende Wiesenblumen
10. bunte Gartenblumen
11. in ihm liegen die Ostereier
12. kirchliche Feier zu Ostern

Lösungswort:

? | | | | | | | | | | | |

© Persen Verlag, Buxtehude

Du brauchst:

100 g Butter, 2 Eier, 50 g Zucker, $\frac{1}{2}$ Päckchen Vanillinzucker, 250 g Mehl, $\frac{1}{2}$ Päckchen Backpulver, etwas Milch und Öl zum Backen.

Und so wird es gemacht:

1. Rühre die Butter, den Zucker, den Vanillinzucker und die Eier schaumig.
2. Füge nach und nach das mit dem Backpulver gemischte Mehl hinzu.
3. Gib dazu so viel Milch, dass der Teig nicht zu fest ist.
4. Jetzt stichst du einen Teelöffel voll Teig ab und backst die Ballbäuschen in heißem Öl hellbraun.
5. Bestreue sie mit Zucker.

Sie schmecken warm und kalt.

© Persen Verlag, Buxtehude

- Male den Schmuckrahmen farbig an und lerne das Gedicht auswendig.

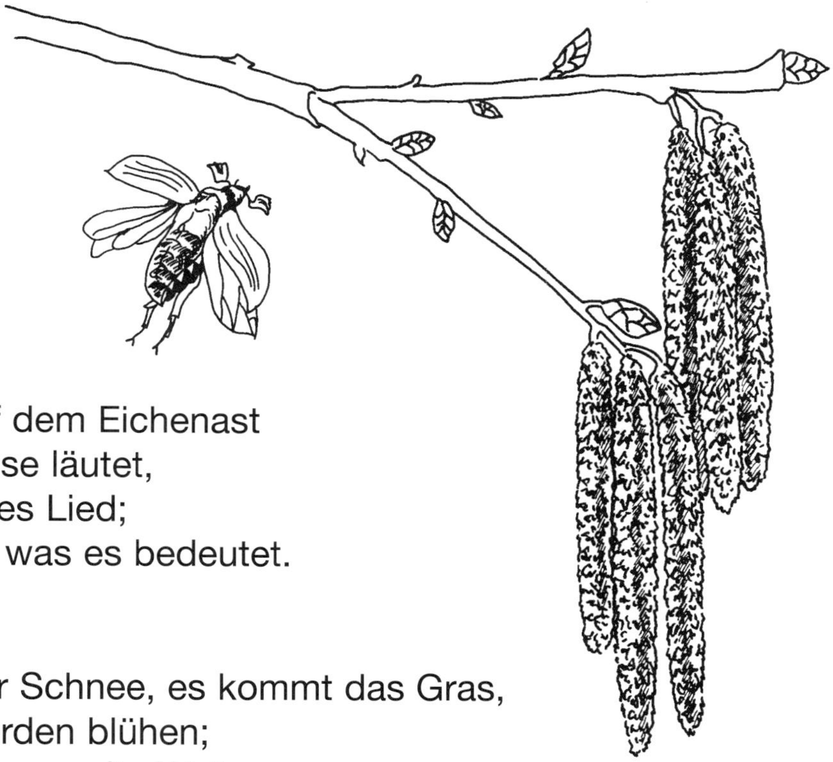

Frühling

Hermann Löns

Hoch oben auf dem Eichenast
eine bunte Meise läutet,
ein frohes, helles Lied;
ich weiß auch, was es bedeutet.

Es schmilzt der Schnee, es kommt das Gras,
die Blumen werden blühen;
es wird die ganze weite Welt
in Frühlingsfarben glühen.

Die Meise läutet den Frühling ein,
ich hab es schon vernommen;
er ist zu mir bei Eis und Schnee
mit Singen und Klingen gekommen.

© Persen Verlag, Buxtehude

BEDEUTUNG

Himmelfahrt

40 Tage nach Ostern, an einem Donnerstag

Im 4. Jahrhundert wurde der 40. Tag nach Ostern ein Festtag – Christi Himmelfahrt.
In der Bibel steht: 40 Tage ist er ihnen erschienen (Apg 1,3). Dann verabschiedete sich Jesus von seinen Jüngern und ging zurück zu seinem Vater in den Himmel.
Wenn wir vom „Himmel" reden, müssen wir zwischen dem sichtbaren Himmel, durch den Flugzeuge und Raumschiffe fliegen (engl.: sky) und dem unsichtbaren Himmel Gottes (engl.: heaven) unterscheiden.
Der Himmel Gottes ist ein anderer Ausdruck für „in Gottes Nähe sein", „von Gott behütet sein". Dieser Ort lässt sich nicht beschreiben, er kann überall sein, auch auf der Erde. Himmelfahrt gehört zur Ostergeschichte. Nach der Erweckung vom Tod holt Gott seinen Sohn zu sich in seinen Himmel. Jesus geht damit allen Menschen, die an ihn glauben, voraus. Die Jünger müssen nun selbst Verantwortung übernehmen, aber Jesus verspricht: „Ich bin immer bei euch, jeden Tag, bis zum Ende der Welt."
(Lk 24,50-51; Apg 1,9; Mt 28,16-20)

SYMBOLIK

Wusstest du schon?
... dass die Menschen zur Zeit Jesu eine ganz andere Vorstellung von der Welt und dem Himmel hatten?

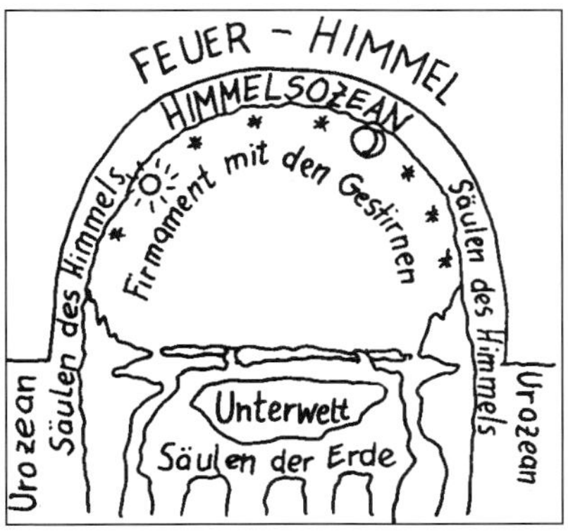

- ***Himmel*** – Ort des Guten oder Wohnung Gottes
- ***Erde*** – Ort des Menschen
- ***Unterwelt*** – Ort des Bösen

Himmel ist ein Symbol für alles Gute, Schöne, für Freiheit, Liebe und Glück.
Unsere Sprache drückt das mit vielen Wörtern und Redewendungen aus.

- Ergänze die Beispiele.
  Der Himmel auf Erden, himmlisch, himmelhoch jauchzend,

....

© Persen Verlag, Buxtehude

Basti und die große Höhle

Mit Basti kann Marion wunderschön spielen. Er ist nämlich niemals ein Spielverderber. Er ist geduldig. Marion setzt ihn in ihren Puppenwagen und fährt ihn die Straße auf und ab.
„Bist du nicht schon ein bisschen zu groß, um noch mit Puppen spazieren zu fahren?“, fragt Mama vorsichtig.
„Für Puppen bin ich bestimmt schon zu groß, aber für Kaninchen nicht.“
Am Himmelfahrtstag regnet es. Marion hat ihre Lego-Steine herbeigesucht und ein großes Haus gebaut. Es ist so groß, dass Basti hineinpasst. Sie mauert Basti ringsum zu. Nur zwei kleine Fenster in der Wand sind frei, durch die Bastis weißes Fell zu sehen ist. Irgendwann ist aber auch Bastis Geduld zu Ende. Er zerbricht das Lego-Haus von innen und befreit sich. Dann hoppelt er aus Marions Zimmer. Marion räumt erst die vielen Lego-Steine zur Seite. Dann sucht sie Basti. Aber er ist nirgendwo zu sehen. Da im Flur alle Türen offen stehen, muss sie in jedem Zimmer nachschauen. In der Küche ist er nicht, auch nicht im Wohnzimmer hinter dem Gummibaum, wo er sonst manchmal sitzt. Er hat sich auch nicht im Schlafzimmer unter den Betten versteckt. Marion sucht angstvoll.
„Basti, wo bist du?“ Papa und Mama suchen mit. Er ist wirklich nirgendwo zu finden. „Er kann sich doch nicht in Luft aufgelöst haben“, lacht Papa. Basti bleibt verschwunden. Marion sucht erneut jedes Zimmer ab. Zuletzt geht sie noch einmal ins Badezimmer. Ob er vielleicht hinter der Waschmaschine sitzt? Aber da ist eigentlich nicht genug Platz für ihn.
Plötzlich sieht Marion, wie sich etwas Weißes in der Waschmaschine bewegt. Es ist Basti. Er ist in die Trommel gesprungen, weil die Tür der Maschine offen gewesen ist.
„Er wollte bestimmt die große Höhle in dem weißen Gerät mal kennenlernen“, entschuldigt ihn Marion bei ihren Eltern.

© Persen Verlag, Buxtehude

Du brauchst:

kleine Blüten und Blätter, Löschblätter, ein dickes Buch, weißen festen Karton, Klebstoff und Glasrahmen.

Und so wird es gemacht:

1. Suche in der Natur kleine Blumen und Blätter.
2. Lege die Blüten und Blätter jeweils zwischen zwei Löschblätter und verteile sie zwischen verschiedene Seiten des Buches. Achte darauf, dass die Pflanzenteile nicht umknicken.
3. Nun beschwerst du das Buch mit vielen anderen Büchern und wartest mindestens zwei Wochen.
4. Die Pressblumen klebst du zu einem hübschen Bild auf weißen Karton und rahmst dein Bild ein. Die Größe des Bildes kannst du selbst bestimmen.

Tipp: Wenn du deine gepressten Blumen auf eine Klappkarte klebst, erhältst du eine schöne Glückwunschkarte.

© Persen Verlag, Buxtehude

Rätsel: Geheimschrift

- Entschlüssle die geheime Schrift.

A	= ✡	H	= ❤	O	= ❍	V	= ✰	Ü	= ✿
B	= ❒	I	= ❊	P	= ✱	W	= ✖	.	= ✎
C	= ▼	J	= ●	Q	= ✷	X	= ✤	,	= ✌
D	= ◆	K	= ❃	R	= ✣	Y	= ★		
E	= ❇	L	= ❖	S	= ✲	Z	= ✪		
F	= ❁	M	= ❂	T	= ✺	Ä	= ✯		
G	= ❆	N	= ■	U	= ☆	Ö	= ✚		

●❇✲☆✲ ❁✿❤✣✺❇ ✲❇❊■❇ ●✿■❆❇✣ ✡☆❁ ◆❇■

....

✚❖❒❇✣❆✎ ◆❍✣✺ ■✡❤❂ ❇✣ ✡❒✲▼❤❊❇◆ ✰❍■

....

❊❤■❇■✎ ❇✣ ✰❇✣✲✱✣✡▼❤ ❊❤■❇■✌ ◆✡✲✲ ■☆■

....

❒✡❖◆ ◆❇✣ ❆❇❊✲✺ ❆❍✺✺❇✲ ✪☆ ❊❤■❇■

....

❃❍❂❂❇■ ✖✿✣◆❇✎ ✖✯❤✣❇■◆ ❇✣ ◆✡✲

....

✲✡❆✺❇✌ ■✡❤❂ ❊❤■ ❇❊■❇ ✖❍❖❃❇ ✡☆❁✌

....

✲❍◆✡✲✲ ✲❊❇ ❊❤■ ■❊▼❤✺ ❂❇❤✣ ✲❇❤❇■

....

❃❍■■✺❇■✎

....

© Persen Verlag, Buxtehude

Rezept: Knack-Kuchen

Du brauchst:

400–475 g Mehl, 1 große Tasse Butter, 1 große Tasse Zucker, 1 Päckchen Vanillinzucker, 2 Eier und 1 Teelöffel Backpulver.

Und so wird es gemacht:

1. Mehl auf ein Backblech schütten und eine Vertiefung in den „Mehlberg" drücken.
2. Zerlassene Butter, Zucker, Vanillinzucker, Eier und zuletzt Backpulver hinzugeben und alles lange und kräftig durchkneten.
3. Dann den Teig $\frac{1}{2}$ cm dick ausrollen, auf ein mit Butter gut gefettetes Backblech legen und bei 240° C im Backofen backen, bis der Kuchen goldgelb ist.
4. Vorsichtig vom Blech lösen.

Jeder bricht sich nun ein Stück ab. Das knackt, daher hat der Kuchen seinen Namen.

© Persen Verlag, Buxtehude

So sei gegrüßt

Text: Heinrich Hoffmann von Fallersleben (1798–1874)
Melodie: Robert Schumann (1810–1856)

2. Du kommst, und froh ist alle Welt, holder, holder Frühling!
Es freut sich Wiese, Wald und Feld, holder, holder Frühling!
Jubel tönt dir überall, dich begrüßet Lerch und Nachtigall.

3. So sei gegrüßt vieltausendmal, holder, holder Frühling!
O bleib recht lang in unserm Tal, holder, holder Frühling!
Kehr in alle Herzen ein, lass doch alle mit uns fröhlich sein,
recht fröhlich sein!

© Persen Verlag, Buxtehude

Gedicht: Frühlingslied

- Male den Schmuckrahmen farbig an und lerne das Gedicht auswendig.

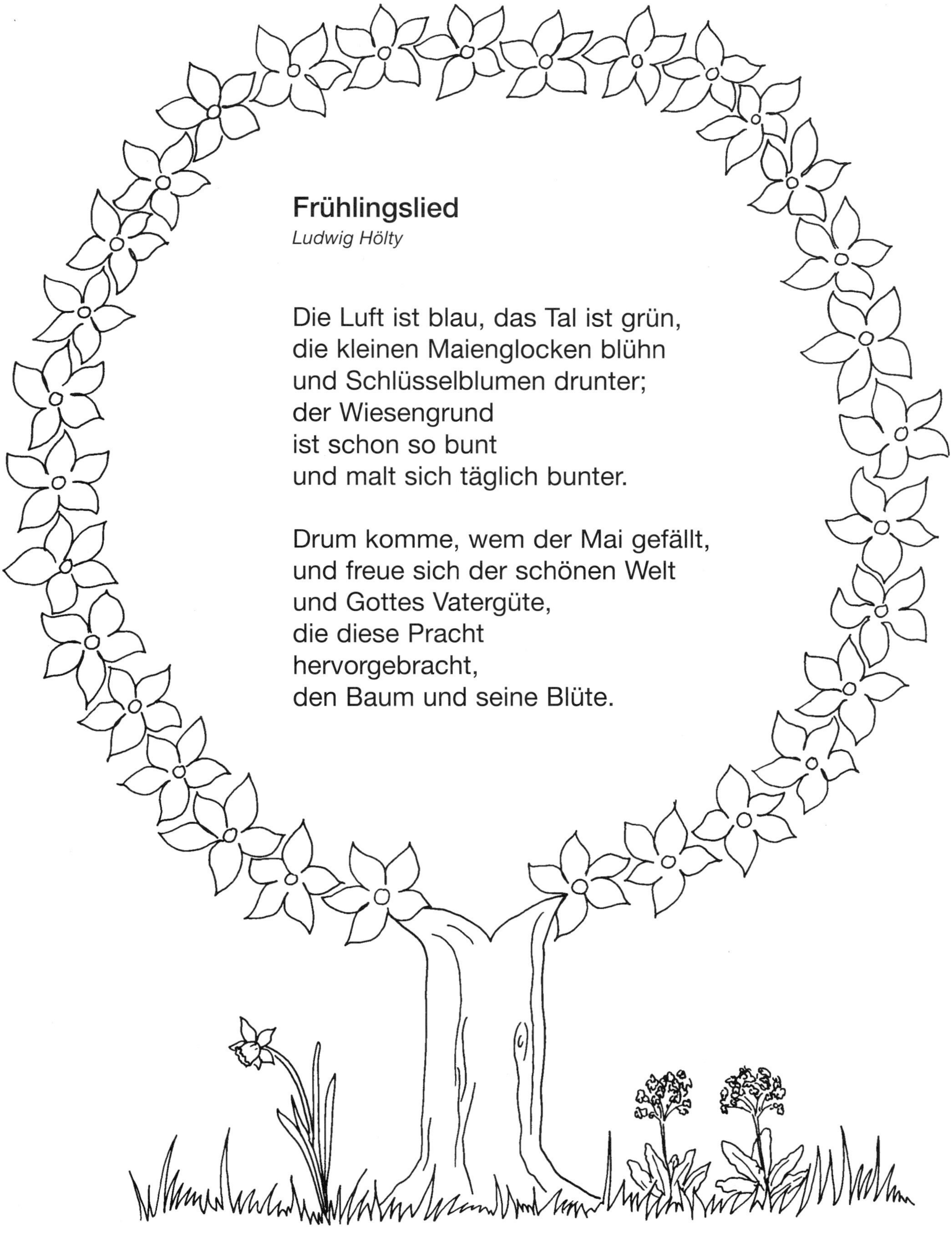

Frühlingslied

Ludwig Hölty

Die Luft ist blau, das Tal ist grün,
die kleinen Maienglocken blühn
und Schlüsselblumen drunter;
der Wiesengrund
ist schon so bunt
und malt sich täglich bunter.

Drum komme, wem der Mai gefällt,
und freue sich der schönen Welt
und Gottes Vatergüte,
die diese Pracht
hervorgebracht,
den Baum und seine Blüte.

Bd. 283. Martina Schlecht/Heinz-Lothar Worm: Kirchliche Feste im Jahreslauf – 1.–4. Schuljahr
© Persen Verlag, Buxtehude

BEDEUTUNG

Pfingsten
Sonntag, sieben Wochen (50. Tag) nach Ostern

Ursprünglich war Pfingsten ein Fest der Ernte (Erntedankfest). Pfingsten ist von dem griechischen Wort „pentekoste“, das heißt übersetzt „fünfzig“, abgeleitet. 50 Tage nach dem Passahfest und dem Ende der Gerstenernte feiern die Juden das „Wochenfest“. Später erinnerte man sich zu Pfingsten auch an den Tag, als Mose von Gott die Gesetzestafeln (10 Gebote) erhielt.
Zum Wochenfest, 50 Tage nachdem Jesus von den Toten auferstanden war, versammelten sich viele Menschen in Jerusalem, auch die Jünger und Anhänger Jesu. Plötzlich hörte man ein Rauschen, wie beim Sturm. Feuerzungen legten sich auf jeden Jünger. Sie waren vom Geist Gottes erfüllt und begannen in verschiedenen Sprachen das Evangelium zu verkünden. Jeder Zuhörer konnte es in seiner Sprache verstehen, viele ließen sich taufen. Darum nennt man Pfingsten auch den Geburtstag der Kirche.
Die Pfingstgeschichte steht in der Apostelgeschichte, Kapitel 2.

SYMBOLIK

Taube – Tier der Seele, Sanftmut und Liebe. Sie steht für Versöhnung und Frieden und den Heiligen Geist.

Wind – Atem Gottes, Hauch, leises Säuseln, starker Sturm. Wind bewegt die Luft und macht sie wahrnehmbar. Wie die Luft so ist Gott notwendig für das menschliche Leben.

Feuer – Ohne Licht und wärmendes Feuer können wir nicht leben. Gott will uns wärmen und uns erleuchten.

Sprache – Der Heilige Geist schafft Gemeinschaft. In der Begeisterung für Christus ist eine Verständigung der Völker möglich. Sie sprechen eine Sprache. Der Heilige Geist will die Menschen zusammenbringen in Liebe, Verständigung und Versöhnung.

- Finde heraus, an welchen Stellen der Bibel etwas über Taube, Wind, Feuer und Sprache erzählt wird.

Bd. 283. Martina Schlecht/Heinz-Lothar Worm: Kirchliche Feste im Jahreslauf – 1.–4. Schuljahr
© Persen Verlag, Buxtehude

Wie Basti ein Kampfkaninchen wurde

Am Pfingstsonntag soll nachmittags im Garten Kaffee getrunken werden. Marion hat Basti schon ins Gras gesetzt und an seinem Halsband eine lange, dünne Kette befestigt. Das Ende der Kette ist an einem Pflock im Boden angebunden. Nun kann Basti schön weiden. Er zupft ein paar Grashälmchen oder nascht ein Kleeblatt, manchmal scharrt er auch ein kleines Loch in den Boden.

Dann kommen die Gäste zum Kaffeetrinken.

„Warum hat der Hase denn eine Kette aus Metall um den Hals?“, fragt Tante Else. „Wäre eine hübsche Hundeleine aus Leder nicht schöner gewesen?“

„Aber Tante Else“, antwortet Marion, „erstens ist Basti kein Hase, sondern ein Kaninchen, und zweitens hat er schon eine Hundeleine aus Leder gehabt, aber die hat er einfach durchgebissen. Da kam Papa auf die Idee, eine Kette zu kaufen.“

Nach dem Kaffeetrinken darf Basti ohne Kette im Garten herumhoppeln. Marion braucht sich dabei keine Sorgen zu machen, denn er läuft nicht fort.

Basti sitzt in einer Gartenecke bei den Beerensträuchern. Plötzlich schaut unter einem Busch Peter hervor, der grau getigerte Kater der Nachbarn. Aufmerksam beobachtet er Basti. Immer näher schleicht er sich an Basti heran und legt sich in Lauerstellung. Da bemerkt Basti ihn auch. Er hoppelt auf ihn zu. Peter kriegt Angst. So eine große weiße Maus hat er noch nie gesehen. Er nimmt Reißaus. Basti rennt hinter ihm her. Peter rennt schneller, Basti auch. In seiner Not weiß Peter sich keinen Rat, als auf den kleinen Kirschbaum zu springen, der mitten auf dem Rasen steht. Basti reckt sich am Stamm in die Höhe und schaut hinauf. Peter miaut ängstlich um Hilfe. Alle Kaffeegäste klatschen Beifall für Basti.

„Du bist ein richtiges Kampfkaninchen“, sagt Marion zu ihm. Sie bringt ihn zurück zur Kette und befestigt sie wieder an seinem Halsband. Jetzt erst springt Peter vom Kirschbaum und verschwindet schnell unter den Beerensträuchern.

© Persen Verlag, Buxtehude

- Bastle Tischkarten für das Pfingstfest!

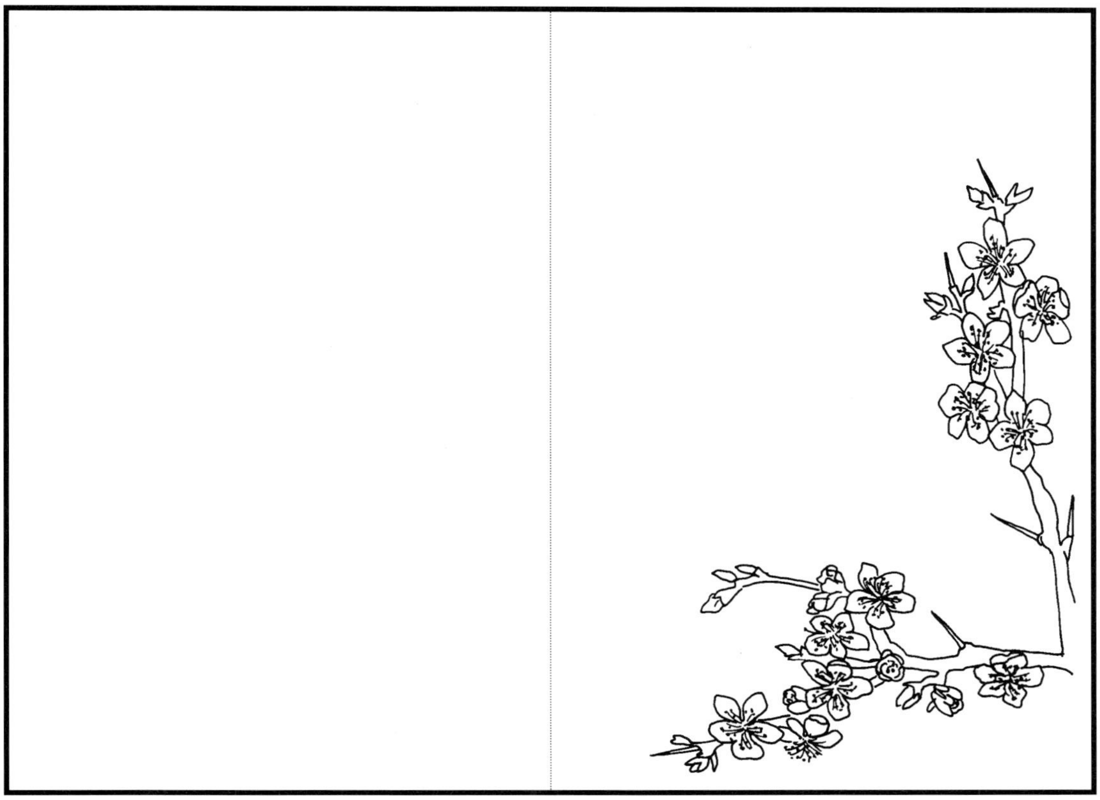

© Persen Verlag, Buxtehude

Rätsel: Geheimschrift

- Entschlüssle die geheime Schrift.

A	= ✡	H	= ❤	O	= ❍	V	= ✰	Ü	= ✿
B	= ❒	I	= ❈	P	= ✱	W	= ✖	.	= ✎
C	= ▼	J	= ●	Q	= ✷	X	= ♣	,	= ✌
D	= ◆	K	= ❃	R	= ✥	Y	= ★		
E	= ❉	L	= ❖	S	= ✲	Z	= ✪		
F	= ❁	M	= ❂	T	= ✺	Ä	= ✯		
G	= ❄	N	= ■	U	= ☆	Ö	= ✚		

✪☆ ✱❁❈■❄✲✺❉■ ✖✡✥❉■ ✡❖❖❉✌ ◆❈❉ ✲❈▼❤ ✪☆

....

●❉✲☆✲ ❤❈❉❖✺❉■✌ ✰❉✥✲✡❂❂❉❖✺✎

....

✱❖✚✺✪❖❈▼❤ ❤✚✥✺❉ ❂✡■ ❉❈■ ❂✯▼❤✺❈❄❉✲

....

✥✡☆✲▼❤❉■✎

....

❉✲ ❉✥❁✿❖❖✺❉ ◆✡✲ ❄✡■✪❉ ❤✡☆✲✎

....

❂✡■ ✲✡❤ ❉✺✖✡✲ ✖❈❉ ❁❉☆❉✥✌ ◆✡✲ ✲❈▼❤

....

✪❉✥✺❉❈❖✺❉✎

....

✡☆❁ ●❉◆❉❂ ✰❍■ ❈❤■❉■ ❖❈❉✲✲ ✲❈▼❤ ❉❈■❉

....

❁❖✡❂❂❉ ■❈❉◆❉✥✎

....

✡❖❖❉ ✖☆✥◆❉■ ✰❍❂ ❄❉❈✲✺ ❄❍✺✺❉✲ ❉✥❁✿❖❖✺✎

....

© Persen Verlag, Buxtehude

Bäumchen, wechsle dich

Teilnehmerzahl: 5 – 15

Ort: Lichtes Wäldchen

1. Zuerst werden die Mitspieler gezählt, z. B. 10.
2. Nun werden 9 Bäume mit Kreide markiert (ein Baum weniger als Mitspieler).
3. Jeder Spieler stellt sich an einen markierten Baum und berührt ihn mit der Hand.
4. Der Mitspieler ohne Baum ruft: **„Bäumchen, Bäumchen, wechsle dich!“**
5. Nun müssen alle Mitspieler ihren Baum verlassen und sich einen anderen suchen.
6. Der Spieler ohne Baum versucht, während die anderen wechseln, einen „leeren“ Baum zu erwischen.
7. Wieder bleibt ein Kind übrig, das nun **„Bäumchen, Bäumchen, wechsle dich!“** rufen muss.

Ochs am Berge

Teilnehmerzahl: 10 – 12

Ort: Schulhof, Spielplatz, Rasenfläche

1. Ein Spielleiter steht den übrigen Spielern im Abstand von 5 bis 7 Metern gegenüber.
2. Er schließt die Augen und ruft: **„Ochs am Berge, eins, zwei, drei!“** Dabei dreht er sich mal schneller, mal langsamer um die eigene Achse und öffnet bei „… drei!“ die Augen.
3. Während sich der Spielleiter dreht, versucht jeder Spieler, einen oder mehrere Schritte auf ihn zuzugehen. Jeder muss aber unbewegt stehen, sobald der Spielleiter die Augen öffnet.
4. Entdeckt der Spielleiter Spieler, die nicht völlig ruhig stehen, nennt er ihre Namen und schickt sie zu ihrem Ausgangspunkt zurück.
5. Sieger ist, wer den Spielleiter, während er sich dreht, abklatscht.
6. Der Sieger wird nun Spielleiter.

© Persen Verlag, Buxtehude

Rezept: Ölbrezeln

Du brauchst:

100 g Butter, 100 g Zucker, 2 Eier,
2 Esslöffel Milch, 2 Esslöffel Wasser, 500 g Mehl,
1 Päckchen Backpulver und Öl zum Backen.

Und so wird es gemacht:

1. Rühre die Butter schaumig und füge Zucker, Eier, Milch und Wasser hinzu.
2. Mische das Mehl gut mit dem Backpulver und knete alles zu einem Teig.
3. Schneide mit einem Messer Streifen ab, rolle sie und schlinge die langen Rollen zu Brezeln.
4. Anschließend müssen die Brezeln in heißem Öl goldbraun gebacken werden.
5. Zur Verzierung kannst du sie mit Puderzucker bestreuen und in die Schleifen jeweils ein buntes Schokoladenei stecken.

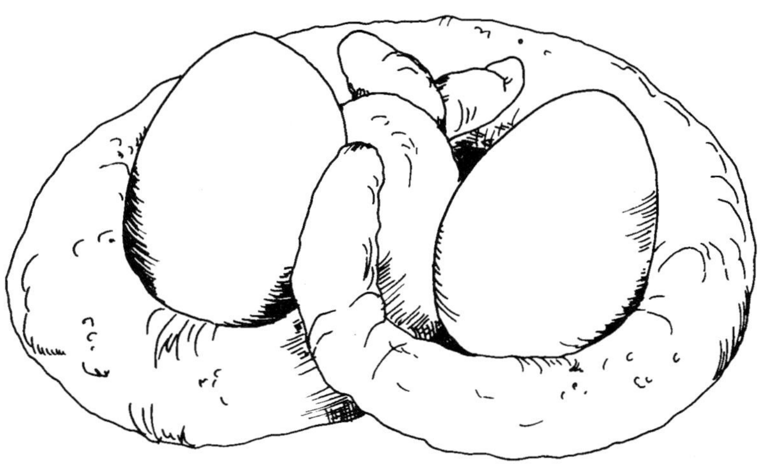

© Persen Verlag, Buxtehude

O Herr, gieße Ströme

(Ströme lebendigen Wassers)

Text und Melodie: Albert Frey

© Persen Verlag, Buxtehude

- Male den Schmuckrahmen farbig an und lerne das Gedicht auswendig.

Das Ährenfeld

Heinrich Hoffmann von Fallersleben

Ein Leben war ‘s im Ährenfeld
wie sonst wohl nirgends auf der Welt;
Musik und Kirmes weit und breit
und lauter Lust und Fröhlichkeit.

Die Grillen zirpten früh am Tag
und luden ein zum Zechgelag:
„Hier ist es gut; herein, herein!
Hier schenkt man Tau und Blütenwein.“

Der Käfer kam mit seiner Frau,
trank hier ein Mäßlein kühlen Tau,
und wo nur winkt ein Blümelein,
da kehrte gleich das Bienchen ein.

Den Fliegen ward die Zeit nicht lang,
sie summten manchen frohen Sang;
die Mücken tanzten ihren Reihn
wohl auf und ab im Sonnenschein.

Das war ein Leben ringsumher,
als ob es ewig Kirmes wär.
Die Gäste zogen aus und ein
und ließen sich ‘s gar wohl dort sein.

Wie aber geht es in der Welt?
Heut ist gemäht das Ährenfeld,
zerstöret ist das schöne Haus,
und hin ist Kirmes, Tanz und Schmaus.

© Persen Verlag, Buxtehude

BEDEUTUNG

Erntedankfest
Meist der erste Sonntag im Oktober

Erntedankfeste werden schon sehr lange gefeiert.
Ohne Nahrung können die Menschen nicht leben. Auf dem Land ist die Ernte eingebracht und alle Vorräte für den Winter sind verstaut. Ohne Gottes Hilfe wäre eine gute Ernte nicht möglich.
Aber der Dank bezieht sich nicht nur auf Essen und Trinken, sondern auf alle großen und kleinen Dinge, die wir erhalten haben: Geschenke, Frieden, einen guten Freund und Gesundheit. Wir denken an alle, die in Armut leben müssen. Am Erntedankfest wollen wir uns bewusst machen, dass wir den Auftrag von Gott erhalten haben, die Schöpfung zu bewahren.
Wir dürfen nicht immer mehr wollen und die Erde ausplündern. Wir können mithelfen, etwas dafür zu tun, dass unsere Umwelt wieder gesund wird.

- Überlege, was du zur Erhaltung der Umwelt tun kannst.

BRAUCHTUM

Ernteessen, Erntegebet, Erntedankgottesdienst, Erntekranz, Erntekrone, Erntewagen, Altarschmuck, Erntefest, Erntetanz, Winzerfest.

- Erzähle, wie bei euch das Erntedankfest gefeiert wird.

- Male Erntefrüchte und schreibe auf, wofür wir Gott außerdem danken können.

Urlaub, ...

© Persen Verlag, Buxtehude

Als Basti fast einmal ein Sonntagsbraten wurde

„Stimmt es, dass du Onkel Helmut helfen willst?“, fragt Marion ihren Papa. „Ja, er hat mich gebeten, ihm am Samstag bei der Kartoffelernte behilflich zu sein. Und ich habe zugesagt. Mal so richtig auf dem Kartoffelacker arbeiten wie früher ...“, meint Papa.
„Darf ich mitkommen?“, fragt Marion.
„Na klar“, sagt Papa. „Und Basti kann doch auch mit?“, bettelt Marion weiter.
„Meinetwegen“, meint Papa, „wir können ihn ja am Feldrand anpflocken. Er kann dort ein paar Kräuter fressen oder Löcher graben, gerade wie es ihm Spaß macht.“
Am Samstag ist ein sonniger Tag. Beim Kartoffelacker angekommen legt Marion Basti an seine Kette. Er fängt gleich an, in der Erde herumzuwühlen. Marion schaut zu, wie die Erwachsenen Kartoffeln ernten. Erst fährt Onkel Helmut mit dem Traktor über das Feld. Hinter dem Traktor hängt eine Maschine, die die Erde anhebt und dann fortschleudert. Sie schleudert nicht nur die Erde zur Seite, sondern auch die Kartoffeln, die im vergangenen Sommer darin gewachsen sind.
„Die Speisekartoffeln werden in den rechten Korb geworfen, die kleinen oder beschädigten Kartoffeln in den linken“, sagt Onkel Helmut. Marion findet das spannend. Sie schaut zu, wie Papa und Onkel Helmut die vollen, schweren Körbe in die Säcke schütten. Dann sieht sie sich nach Basti um. Basti ist fort. Entsetzt will sie aufschreien, da sieht sie, wie sich ein Mann entfernt, der etwas Weißes auf dem Arm trägt. Papa läuft hinter dem Mann her. „Stellen Sie sich vor“, ruft der Mann Papa entgegen, „da habe ich doch am Feldrand einen Stallhasen gefangen. Das wird ein schöner Sonntagsbraten werden!“
„Das kann ich mir nicht vorstellen“, sagt Papa zornig. „Dieses Kaninchen gehört meiner Frau und meiner Tochter. Wir haben es am Feldrand angepflockt, damit es draußen sein kann.“
„Hat es deswegen eine Kette um?“, fragt der Mann. „Sicherlich!“
„Das hat mich schon gewundert.“
Inzwischen ist Marion herangelaufen. „Mein Basti“, ruft sie entsetzt. „Geben Sie mir meinen Basti wieder!“ Schnell nimmt sie ihn auf den Arm und streichelt ihn. „Dieser Herr hier wollte ihn als Sonntagsbraten haben“, sagt Papa.
Marion schaut den Mann verächtlich an.
„Basti wird niemals ein Sonntagsbraten“, sagt sie.

© Persen Verlag, Buxtehude

Du brauchst:

leere Käseschachteln aus Pappe, gelbes Tonpapier, Plaka-Farben, Schaschlikspieße, Zwirn und Klebstoff.

Und so wird es gemacht:

1. Male die Käseschachteln auf beiden Seiten braun an.
   Du kannst auf jede Seite ein lustiges Gesicht aufzeichnen.
2. Aus dem gelben Tonpapier schneidest du Blütenblätter aus und klebst sie rundherum versetzt auf jeder Seite an.
3. Zum Schluss befestigst du die Blüten mit Zwirn an den Schaschlikspießen und hängst das Mobile an der Zimmerdecke auf.

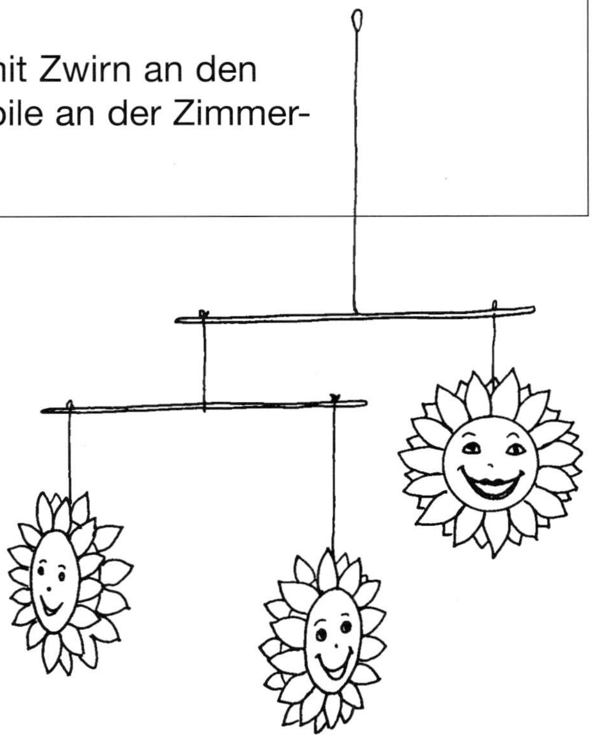

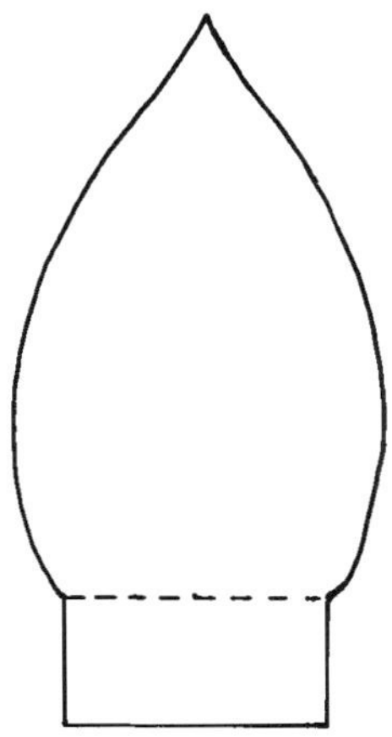

© Persen Verlag, Buxtehude

Rätsel: Bilderrätsel

- Finde die dargestellten Wörter.

~~S~~ ~~T~~ ~~E~~ ~~N~~ ~~SCH~~ A = I
R = D ~~E~~

_ _ _ _ _ _ _ _ _ _ _ _ _ _

~~M~~ ~~S~~ ~~T~~ 2 = R

_ _ _ _ _ _ _ _ _ _

 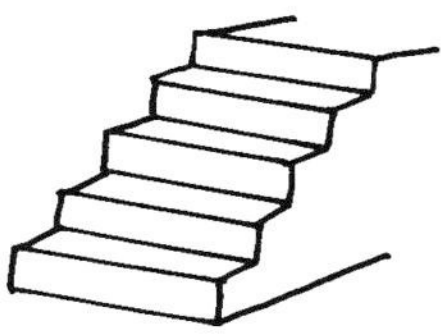

B = W E = A 4 = U 5 = B

_ _ _ _ _ _ _ _ _ _

O = Ü ~~K~~ ~~T~~ ~~E~~

_ _ _ _ _ _

 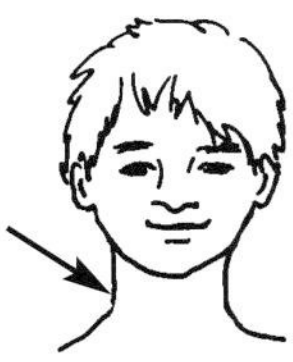  

~~R~~ ~~B~~ ~~A~~ ~~S~~ ~~R~~ ~~B~~ ~~A~~ ~~E~~ ~~L~~

_ _ _ _ _ _ _ _

E = A ~~E~~ A = O
Z = T P = F

_ _ _ _ _ _ _ _ _ _ _ _ _

© Persen Verlag, Buxtehude

Du brauchst:

Falläpfel, Zucker, Zimt, einen Topf und etwas Wasser.

Und so wird es gemacht:

1. Äpfel schälen und vierteln, Kerngehäuse und braune Stellen entfernen.
2. Apfelstücke kurz waschen und mit etwas Wasser in einen Topf geben.
3. Auf kleiner Flamme langsam gar kochen. Öfters umrühren.
4. Zuletzt nach Bedarf Zucker und etwas Zimt hinzufügen.

Apfelkompott schmeckt warm und auch kalt sehr gut.

Aus den vielen Apfelkernen kannst du eine Kette basteln.

Nimm eine Nadel und festen Zwirn.
Durchstich die noch feuchten Kerne (trockene platzen) und fädle sie auf.

Verknote die Enden – fertig!

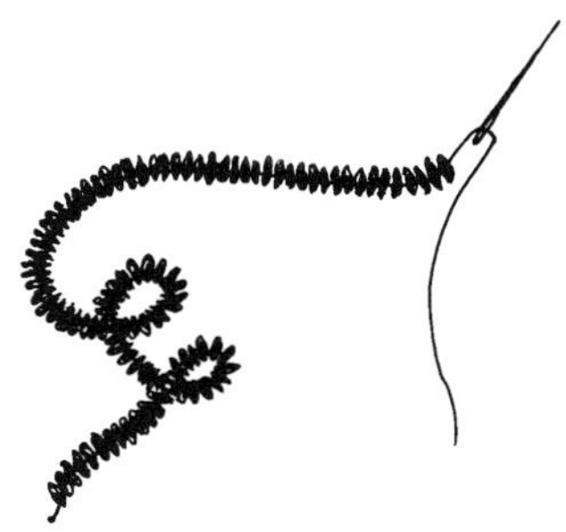

© Persen Verlag, Buxtehude

- Male den Schmuckrahmen farbig an und lerne das Gedicht auswendig.

Von Gott kommt alles her

Matthias Claudius

Was nah ist und was ferne,
von Gott kommt alles her,
der Strohhalm und die Sterne,
das Sandkorn und das Meer.

Von ihm sind Büsch und Blätter,
und Korn und Obst von ihm,
von ihm mild Frühlingswetter
und Schnee und Ungestüm.

Er lässt die Sonn aufgehen,
er stellt des Mondes Lauf.
Er lässt die Winde wehen,
er tut den Himmel auf.

Er schenkt uns so viel Freude,
er macht uns frisch und rot,
er gibt den Kühen Weide
und unsern Kindern Brot.

© Persen Verlag, Buxtehude

Seite 8

11. November – Festtag des Sankt Martin
4. Dezember – Festtag der heiligen Barbara
6. Dezember – Festtag des Sankt Nikolaus
13. Dezember – Festtag der heiligen Lucia

Seite 13

Das Weihnachtsfest ist das Fest der Geburt Jesu Christi.

Seite 29

1. Osterhase
2. Krokus
3. Frühling
4. Osterferien
5. Osterei
6. Sonnenschein
7. Osterglocken
8. Schneeglöckchen
9. Schlüsselblumen
10. Tulpen
11. Osternest
12. Ostergottesdienst

Lösungswort: Auferstehung

Seite 35

Jesus führte seine Jünger auf den Ölberg. Dort nahm er Abschied von ihnen. Er versprach ihnen, dass nun bald der Geist Gottes zu ihnen kommen würde. Während er das sagte, nahm ihn eine Wolke auf, sodass sie ihn nicht mehr sehen konnten.

Seite 42

Zu Pfingsten waren alle, die sich zu Jesus hielten, versammelt. Plötzlich hörte man ein mächtiges Rauschen. Es erfüllte das ganze Haus. Man sah etwas wie Feuer, das sich zerteilte. Auf jedem von ihnen ließ sich eine Flamme nieder. Alle wurden vom Geist Gottes erfüllt.

Seite 50

Erntedanktisch, Bauernbrot, Weintraube, Kürbis, Kohlkopf, Kartoffelsack.

© Persen Verlag, Buxtehude